출판그룹 동양books (瞳養BOOKS)는 분야에 따라 다섯 가지
브랜드로 독자 여러분에게 다가가고 있습니다.

동양문고 (東洋文庫)는 독학용 어학서,

일본어뱅크 와 중국어뱅크 는 일본어·중국어 강의용 교재,

홍익미디어 는 영어 강의용 교재,

상상공방 은 일반 단행본(실용서, 경제경영, 소설, 에세이,
만화)을 출간하고 있습니다.

동양북스의 '동양(瞳 눈동자 동 養 기를 양)'은 '안목을 기른다'는 뜻으로
'책을 읽고 세상을 보는 안목을 기른다'는 이념을 담고 있습니다.

동양문고 · 상상공방 www.dongyangbooks.com
일본어뱅크 · 중국어뱅크 www.nihongobank.co.kr
홍익미디어플러스 www.hongikmediaplus.co.kr
동양TV(동영상강좌) www.donyangTV.com

동양문고
www.dongyangbooks.com

동양books
www.dongyangbooks.com

SHIN NIHONGO NORYOKU SHIKEN N1/N2/N3 SHIN KEIKO KAISETSU TO KANZEN YOSO MOSHI
by The Japan Times
Copyright ⓒ The Japan Times, 2010
All rights reserved.
Original Japanese edition published by The Japan Times Ltd.

This Korean edition is published by arrangement with The Japan Times Ltd., Tokyo
in care of Tuttle-Mori Agency, Inc., Tokyo through BC Agency, Seoul.

이 책의 한국어 판 저작권은 BC 에이전시를 통한
저작권자와의 독점 계약으로 동양문고에 있습니다. 저작권법에 의해
한국 내에서 보호를 받는 저작물이므로 무단전재와 복제를 금합니다.

THE JAPAN TIMES
新 **일본어 능력시험** 실전 **모의고사** **N1**

초판 1쇄 | 2010년 9월 10일
초판 2쇄 | 2010년 12월 12일

저자 | 마츠모토 세츠코 · 가네니와 쿠미코 · 오기와라 치카코 외
발행인 | 김태웅
편집장 | 김연한
편집 | 김해영, 권기은
디자인 | 안성민, 차경숙
마케팅 | 권혁주, 나재승, 정상석, 서재욱, 장영임, 김귀찬, 이용재, 김지원
제작 | 현대순

발행처 | 동양문고 · 상상공방
등록 | 제 10-806호(1993년 4월 3일)
주소 | 서울시 마포구 서교동 463-16호 (121-841)
전화 | (02)337-1737
팩스 | (02)334-6624
웹사이트 | http : //www.dongyangbooks.com
          http : //www.dongyangTV.com

[독해문 전재 허가 출판사]
專修大学 · 帝京大学 · 創作集団にほんご · 中央公論新社 · 講談社 · 筑摩書房 · 朝日新聞社
이 책에 실린 독해문 인용에 대해서는 위 출판사와 저자의 허락을 받았거나 협의 중입니다.

ISBN 978-89-8300-697-4 14730
     978-89-8300-694-3 14730(세트)

▶ 본 책은 저작권법에 의해 보호를 받는 저작물이므로 무단 전재와 복제를 금합니다.
▶ 동양문고는 동양북스의 독학용 교재 전문 브랜드입니다.

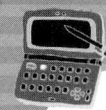 차례

새로운 일본어능력시험에 대해서	4
新일본어능력시험 문제 분석과 학습법	9
연습문제 정답	33
연습문제 번역	34
2010년 7월 기출어휘 및 문형 분석	37

新일본어능력시험 모의테스트

언어지식 · 독해	45
청해	71
언어지식 · 독해 답안용지	81
청해 답안용지	82
모의테스트 정답	83
모의테스트 번역	84
모의테스트 청해 스크립트 및 번역	95

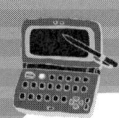

새로운 일본어능력시험에 대해서

일본어능력시험은 일본어를 모국어로 하지 않는 사람의 일본어능력을 측정하고 인정하는 시험으로서 국제교류기금과 일본국제교육지원협회가 1984년부터 실시하고 있습니다. 2008년에는 전 세계에서 약 56만 명이 응시했습니다.

요즘 일본어능력시험 수험자들의 응시 목적이 실력측정과 함께 취업, 승진 등으로 변화하는 추세에 따라, 국제교류기금과 일본국제교육지원협회에서는 그동안의 일본어교육학이나 테스트이론의 연구 성과와 지금까지 축적된 시험결과의 데이터 등을 이용해 2010년부터 새로이 개정된 일본어능력시험을 실시하기로 했습니다.

✻ 개정 포인트

1. 레벨이 4단계에서 5단계로 늘어납니다.

레벨을 예전 시험의 4단계(1급, 2급, 3급, 4급)에서 5단계(N1, N2, N3, N4, N5)로 늘립니다. 바뀌는 시험의 레벨과 예전 시험의 급의 대응은 아래와 같습니다.

N1	예전 시험의 1급보다 약간 높은 수준입니다. 합격선은 예전 시험과 거의 같습니다. 폭넓은 장면에서 사용되는 일본어를 거의 이해할 수 있어야 합니다.
N2	예전 시험의 2급과 거의 같은 수준입니다. 일상적인 장면에서 사용되는 일본어의 이해를 넘어서 더 폭넓은 장면에서 사용되는 일본어를 어느 정도 이해할 수 있어야 합니다.
N3	예전 시험의 2급과 3급의 사이의 수준입니다. 일상적인 장면에서 사용되는 일본어를 어느 정도 이해할 수 있어야 합니다.(신설)
N4	예전 시험의 3급과 거의 같은 수준입니다. 기본적인 일본어를 거의 이해할 수 있어야 합니다.
N5	예전 시험의 4급과 거의 같은 수준입니다. 기본적인 일본어를 어느 정도 이해할 수 있어야 합니다.

✽「N」은「Nihongo(일본어)」,「New(새롭다)」를 나타냅니다.

2. 합격점 이상만 받으면 합격이었던 기존의 방식과 달리 시험 난이도에 따라 합격점 기준이 변하는 상대평가 방식으로 바뀝니다.

3. 청해의 비중이 기존 25%에서 33.3%로 높아집니다.

4. 과목별 낙제점이 신설되어, 각 과목의 득점 구분에서 기준점 이상을 받아야 합격입니다.

* 시험과목과 시험시간

각 레벨의 시험과목과 시험시간은 아래와 같습니다.

레벨	시험과목(시험시간)		
N1	언어지식(문자, 어휘, 문법), 독해 (110분)		청해 (60분)
N2	언어지식(문자, 어휘, 문법), 독해 (105분)		청해 (50분)
N3	언어지식(문자, 어휘) (30분)	언어지식(문법), 독해 (70분)	청해 (40분)
N4	언어지식(문자, 어휘) (30분)	언어지식(문법), 독해 (60분)	청해 (35분)
N5	언어지식(문자, 어휘) (25분)	언어지식(문법), 독해 (50분)	청해 (30분)

* 시험시간은 변경되는 경우가 있습니다. 또 청해는 시험문제 녹음의 길이에 따라 시험시간이 다소 바뀝니다.

N1과 N2의 시험과목은 ①언어지식(문자, 어휘, 문법), 독해, ②청해의 두 과목입니다. N3, N4, N5의 시험과목은 ①언어지식(문자, 어휘), ②언어지식(문법), 독해, ③청해의 세 과목입니다.

* 시험결과

(1) 시험결과의 표시

각 레벨의 득점 구분과 득점의 범위는 아래와 같습니다.

레벨	득점구분	득점범위
N1	언어지식(문자, 어휘, 문법)	0~60
	독해	0~60
	청해	0~60
	종합득점	0~180
N2	언어지식(문자, 어휘, 문법)	0~60
	독해	0~60
	청해	0~60
	종합득점	0~180
N3	언어지식(문자, 어휘, 문법)	0~60
	독해	0~60
	청해	0~60
	종합득점	0~180
N4	언어지식(문자, 어휘, 문법), 독해	0~120
	청해	0~60
	종합득점	0~180
N5	언어지식(문자, 어휘, 문법), 독해	0~120
	청해	0~60
	종합득점	0~180

N1, N2, N3의 득점 구분은 ①언어지식(문자, 어휘, 문법), ②독해, ③청해의 3구분입니다.
N4, N5의 득점 구분은 ①언어지식(문자, 어휘, 문법), 독해, ②청해의 2구분입니다.

✻ 자주 하는 질문

Q1 시험은 1년에 몇 번 실시됩니까?
A1 「N4, N5」는 12월에만, 「N1, N2, N3」는 7월과 12월 두 번입니다. 다만, 해외에서는 7월 시험을 실시하지 않는 나라나 지역이 있습니다. 자세한 것은 국제교류기금의 웹사이트(www.jlpt.jp)에 게재합니다.

Q2 시험일은 정해져 있습니까?
A2 7월과 12월의 첫째주 일요일에 실시합니다.

Q3 향후, 시험 정보는 어디서 알 수 있습니까?
A3 일본어능력시험 웹사이트에서 수시로 갱신하기 때문에 www.jlpt.or.kr에 게재되는 내용을 참조해 주세요.

✻ 일본어능력시험 관할 지역

서울권(경기 · 대전 · 강원 · 충청 · 호남) : 일본어능력시험 서울 실시위원회
(02-723-8487)

부산권(영남 · 대구 · 울산) : (사) 부산 한일문화교류협회
(051-465-7323)

제주권 : 제주도 한일친선협회(064-757-2164~6)

新 일본어능력시험
문제 분석과 학습법

1장

새로운 일본어능력시험에서는 급수에 따라 출제되는 내용이 조금씩 다릅니다. 여기에서는 분야별로 모든 시험과목을 다루어 그 문제형식을 분석하여 어떻게 공부하면 좋을지 소개합니다.

(집필:호시노 케이코(다쿠쇼쿠대학 일본어교육연구소 강사))

문제 분석과 학습법

I 문자·어휘

I 문자·어휘
한자 읽기

◆ 문제의 초점
한자로 쓰여진 단어의 읽는 법을 묻는다.

어떤 문제가 출제될까?

한자를 읽는 방법에는 음독과 훈독이 있는데 많은 한자들이 이 두 가지 방식으로 읽혀집니다. 훈독하는 것은, 한자가 하나밖에 없는 단어나, 히라가나와 함께 만들어진 단어일 경우에 많고, 음독하는 것은 한자가 둘 이상인 단어일 경우에 많습니다. 하지만, 음독, 훈독도 읽는 법이 여러 가지인 한자도 적지 않습니다.

시험문제에서는 한자의 읽는 법을 히라가나 표기로 선택하기 때문에, 히라가나로 어떻게 쓰는지를 정확히 알고 있어야 합니다. 특히 주의해야 할 것은, 장음과 단음[*1], 청음과 탁음[*2], 촉음(작은 「tsu」)으로의 변화[*3]로, 이러한 것들은 틀리기 쉬우므로 시험문제에 자주 출제되는 포인트입니다.

[*1] 장음 : 登場(と<u>う</u>じょう) / 단음 : 登山(と<u>ざ</u>ん)
[*2] 청음 : 通り(<u>と</u>おり) / 탁음 : 大通り(おお<u>ど</u>おり)
[*3] 発明(は<u>つ</u>めい) → 촉음 : 発表(は<u>っ</u>ぴょう)

N3　　　　　　　　　　　　　　　　　　　　　（『가이드북』문제예 問題 1 ①）

_____のことばの読み方として最もよいものを、1・2・3・4から一つえらびなさい。

山本さんはクラスの代表(えら)に選ばれた。

　　1　たいひょう　　　2　だいひょ　　　3　だいひょう　　　4　たいひょ

학습 포인트

한자를 읽는 방법에는 예외가 많고 불규칙한 변화도 일어납니다. 그래서 귀로 듣고 외우는 것만으로는 히라가나를 바르게 쓰는 법을 정확히 외울 수 없습니다. 시험 문제에서 정답을 찾기 위해서는 히라가나로 읽는 방법을 외우도록 합니다. 또, 각 한자의 읽는 방법뿐만 아니라, 각 단어의 읽는 방법을 외우는 것도 중요한 포인트입니다. 이것은 한자 읽는 방법과 어휘 공부를 동시에 할 수 있는 효과적인 학습법입니다.

연습문제

＿＿＿の言葉の読み方として最もよいものを、1・2・3・4から一つ選びなさい。

この町は、過去の名残りをまったくとどめていない。

1　なのこり　　　2　なのごり　　　3　なごり　　　　4　なざんり

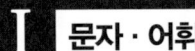

문맥 규정

◆ 문제의 초점
문맥에 따라 의미상으로 규정된 단어가 무엇인지 묻는다.

어떤 문제가 출제될까?

문장 전체의 의미에 맞는 단어를 선택하는 문제입니다. 먼저, 문장의 전체적인 의미를 파악합니다. 보기에는 의미가 가까운 단어나 음이 가까운 단어가 있으므로, 틀리지 않도록 주의해서 선택합니다.

N3　　　　　　　　　　　　　　　　　　　　（『가이드북』문제예 問題3⑤）

（　　）に入れるのに最もよいものを、1・2・3・4から一つえらびなさい。

（　　）寝(ね)たので、気持ちがいい。

　　1　すっかり　　　2　ぐっすり　　　3　はっきり　　　4　ぴったり

학습 포인트

새로운 단어를 외울 때는 단어의 뜻 외에 그 단어를 사용한 구와 예문을 함께 외우면 효과적입니다. 그렇게 하면 어휘가 느는 것은 물론 독해력과 문법 지식도 늘고 운용력도 생기므로 종합적으로 실력이 향상됩니다.

연습문제

(1)　(　　　) に入れるのに最もよいものを、1・2・3・4から一つ選びなさい。

この仕事は月末までに終わらせることを一応の (　　　) にしてください。

　　1　目印　　　　2　目安　　　　3　目方　　　　4　目次

(2)　(　　　) に入れるのに最もよいものを、1・2・3・4から一つ選びなさい。

この国の (　　　) 先端の技術を勉強することが、私の留学の目的です。

　　1　最　　　　2　高　　　　3　全　　　　4　大

문제 분석과 학습법

I 문자·어휘

I 문자·어휘
바꾸어 말하기

◆ 문제의 초점
출제된 단어나 표현과 의미상으로 가까운 단어나 표현을 묻는다.

어떤 문제가 출제될까?
같은 의미의 단어, 의미가 가까운 단어를 선택하는 문제입니다. 밑줄 친 단어와 보기 중의 정답, 양쪽 다 뜻을 알지 못하면 정답을 고를 수 없습니다. 두 단어의 의미가 완전히 같다고 할 수 없는 것도 있지만, 중요한 것은 말을 바꿔도 문장 자체의 의미가 바뀌지 않는 말을 선택하는 것입니다.

N1 (『가이드북』 문제예 問題3 ⑤)

_____の言葉に意味が最も近いものを、1・2・3・4から一つえらびなさい。

このマニュアルの説明はややこしい。

1 明確だ   2 奇妙だ   3 複雑だ   4 簡潔だ

학습 포인트
일본어 사전을 찾으면, 그 단어와 바꾸어 사용할 수 있는 단어가 자주 설명에 사용됩니다. 단어장 등에 단어의 뜻을 쓸 때, 사전에서 설명에 사용된, 바꾸어 사용할 수 있는 단어도 써 두고 외우면 좋겠지요.

연습문제

_____の言葉に意味が最も近いものを、1・2・3・4から一つ選びなさい。

宇宙飛行士の夫が無事に地球に戻ってくることをひたすら祈っています。

1 一気に   2 一様に   3 一心に   4 一挙に

Ⅰ 문자·어휘
용법

◆ 문제의 초점
출제어가 문장 안에서 어떻게 사용되는지 묻는다.

어떤 문제가 출제될까?

어떤 단어가 문장 안에서 적절하게 사용되었는지를 묻는 문제입니다. 어휘 분야이므로 문법적이 아닌 의미상 사용법이 적절한지를 판단합니다.

N1 (『가이드북』 문제예 問題4 ⑧)

次の言葉の使い方として最もよいものを、1・2・3・4から一つえらびなさい。

キャリア
1　その分野のキャリアになるには、長い間の努力が必要だ。
2　先月賞を取ったあの歌手のキャリアは苦労続きだったそうだ。
3　昨日、異動の発表があって、兄のキャリアは部長になった。
4　彼のキャリアはそれほど長くないが、この仕事をよく理解している。

학습 포인트

모든 어휘 문제에 해당하는 말이지만, 특히 이 「용법」 문제의 대책에서는 단지 단어의 의미를 암기하는 것이 아니라 자주 사용되는 예문, 전형적인 용법의 문장과 함께 외우는 것이 중요합니다. 예를 들면 「かわいがる」면 「子供を[犬を] かわいがる」라고 외우고, 「もったいない」라면 「捨てるのは もったいない / 時間が もったいない」라고 외웁니다. 또, 가타카나 단어도 반드시 출제되므로 일본어에서의 사용법을 파악해 둡시다.

연습문제

次の言葉の使い方として最もよいものを、1・2・3・4から一つ選びなさい。

もてなす
1 彼はハンサムだから、若い女性によく<u>もてなす</u>。
2 これはやっかいな問題だ。みんなが<u>もてなして</u>いるわけだ。
3 主人は客をおいしい料理と快い音楽で<u>もてなした</u>。
4 今度の台風はこの地方に大きな被害を<u>もてなした</u>。

II 문법
문장의 문법1(문법 형식의 판단)

◆문제의 초점
문장의 내용에 맞는 문법 형식인지 아닌지를 판단할 수 있는지 묻는다.

어떤 문제가 출제될까?

이 문제의 빈칸에 들어가는 말은「문법적인 기능어*」로 취급되는 어구와 표현이 중심입니다.

*기능어 : 무언가를 표현하는 내용적인 의미가 아닌, 문법적인 의미와 기능을 가진 말.

N2 (『가이드북』문제예 問題7 [13])

次の文の(　　)に入れるのに最もよいものを、1・2・3・4から一つえらびなさい。

最終のバスに間に合わなくて困っていた（　　）、運よくタクシーが通りかかり、無事帰宅できた。

　　　1　あげくに　　2　ために　　3　とたんに　　4　ところに

학습 포인트

　구 일본어능력시험에도 출제되었던 형식의 문제이므로 구 시험 대책문제집으로도 공부할 수 있습니다(하지만, 이 유형은 신 시험에서는 문제수가 줄었습니다). 포인트가 하나뿐만 아니라 두 개가 조합된 문제의 출제도 예상됩니다.

연습문제

次の文の(　　)に入れるのに最もよいものを、1・2・3・4から一つ選びなさい。

あなたの能力を（　　）、どこでも立派にやっていけるはずだ。

　　1　もってしても　　2　もってすれば　　3　もつとすれば　　4　もつにしても

II 문법
문장의 문법2(문장의 구성)

◆ 문제의 초점
통어적으로 올바르고, 또 의미가 통하는 문장을 구성할 수 있는지 묻는다.

어떤 문제가 출제될까?

문장을 바르게 구성하는 문제입니다. 보기 4개의 말을 어떤 순서로 늘어놓으면 올바른 문장이 되는지를 생각해서, ___★___ 에 들어가는 말을 고릅니다. 문법 지식을 최대한 사용하고 문장의 의미를 추측해 가면서 풉니다.

N2 (『가이드북』 문제예 問題8 [16])

次の文の ___★___ に入る最もよいものを、1・2・3・4から一つえらびなさい。

田中(たなか)選手が今シーズン _____ ___★___ _____ _____ のニュースを見て驚いた。

　1　彼の怪我(けが)　　2　活躍(かつやく)するのを　　3　楽しみに待っていた　　4　だけに

학습 포인트

문법 지식을 실마리로 문장을 구성해 가는 연습을 충분히 해서 이 형식에 익숙해질 필요가 있습니다. 문제집 등을 이용해서 연습문제를 계속해서 풀어 봅시다. 처음에는 어렵게 느껴져서 시간도 걸릴지 모르지만, 퍼즐을 푼다는 생각으로 해 보면 즐겁게 공부할 수 있습니다. 이 연습으로 문법은 물론, 독해력, 작문 능력을 포함한 일본어의 종합적인 실력을 키울 수 있습니다.

연습문제

次の文の ___★___ に入る最もよいものを、1・2・3・4から一つ選びなさい。

彼は専門の分野は _____ _____ __★__ _____ もっている。

1　幅広い知識を　　　　　　　2　もちろんのこと

3　文学から自然科学に　　　　4　いたるまでの

Ⅱ 문법
텍스트 문법

◆ 문제의 초점
글의 흐름에 맞는 문장인지 아닌지를 판단할 수 있는지 묻는다.

어떤 문제가 출제될까?

글의 내용과 흐름에 맞는 단어를 빈칸에 넣는 문제입니다. 글 전체의 흐름을 크게 파악하는 능력과, 한 문장 한 문장의 의미와 문장과 문장의 연결 방법을 이해할 수 있는지 평가합니다. 빈칸에 들어가는 것은, 의미상 문맥에 맞는 적절한 어구와 문장, 흐름과 논리의 전개에 맞는 접속어, 문법적인 표현 문형 등 여러 가지입니다. 문법 분야의 문제이지만 독해력도 평가되는 문제입니다.

학습 포인트

이 문제를 풀 때는 글 전체의 흐름과 의미를 파악하고 문장과 문장의 관계를 파악하면서 답을 찾습니다. 이러한 것들을 정해진 시간 내에 풀어야 하기 때문에 간단하지 않습니다. 충분한 연습이 필요하므로 문제집 등의 교재를 이용하면 좋겠지요. 독해 연습도 겸하는 아주 좋은 공부가 됩니다. 자신의 일본어 실력을 최대한 이용하여 문제를 푸는 것으로 문법 능력뿐만 아니라, 일본어의 종합적 능력 향상을 크게 기대할 수 있습니다.

연습문제

次の文章を読んで、 1 から 5 の中に入る最もよいものを、1・2・3・4から一つ選びなさい。

　日々の生活からまったく切り離された「非日常」を体験することは、現代人にとって大きな憧れであり、人は日常の中で「非日常」を追い求めることをやめようとしない。 1 、われわれは多忙な生活の合間に心身をリラックスさせたり、小説やドラマのフィクションの世界に身をおいたりすることで、ある種の非日常を体験することはできる。しかし、そのような非日常はあくまでも日常の一部に含まれるか、延長である 2 。「非日常」の代表ともいえる「旅」でさえ、快適さや利便性を求めるあまり、日常の枠を越えることが 3 。では、我々の求める非日常は、一体どこで見出すことができるのか。自然である。自然 4 、観光ツアーで訪ねられるような自然ではない。人間の文明から切り離された、人間が生存を続けられるぎりぎりの空間、命の危険さえもあるような極限の場所、そこにしか 5 非日常は存在しない。こうして人は、大自然という未知の世界への冒険に出発する。

 1 　1　したがって　　2　ところで　　3　要するに　　4　たしかに

 2 　1　にすぎない　　2　にあたらない　　3　にかかわる　　4　にかたくない

 3 　1　難しくなっている　　　　2　ないわけではない
　　　3　たやすくなっている　　　4　ありえるわけだ

 4 　1　といえども　　　　2　といっても
　　　3　というものの　　　4　としたところで

 5 　1　おおかた　　2　かろうじて　　3　もはや　　4　いかにも

III 독해
내용 이해(단문)

◆ 문제의 초점
생활, 일 등 여러 가지 화제를 포함한 설명문과 지시문 등 200자 정도의 글을 읽고 내용을 이해할 수 있는지 묻는다.

어떤 문제가 출제될까?
설명문이나 지시문 등의 짧은 글(150-200자 정도)을 읽고, 내용에 대한 질문에 답합니다. 사용되는 글에는 편지나 광고 등도 포함될 가능성이 있습니다. 일상생활이나 직장에서 볼 수 있는 실용적인 글이 중심이지만, 특히 「일」에 관계되는 글이 출제될 가능성이 클 것으로 예상됩니다.

III 독해
내용 이해(중문)

◆ 문제의 초점
평론, 해설, 수필 등 500자 정도의 글을 읽고, 인과관계와 이유 등을 이해할 수 있는지 묻는다.

어떤 문제가 출제될까?
500자 정도 길이의 평론, 해설문, 수필 등을 읽고, 내용의 개요와 포인트에 대한 질문에 답합니다. 사실관계뿐만 아니라, 인과관계와 필자의 생각 등을 읽고 이해하는 문제도 출제됩니다.

내용 이해(장문)

◆ **문제의 초점**

해설, 수필, 소설 등 1,000자 정도의 글을 읽고, 개요와 필자의 생각 등을 이해할 수 있는지 묻는다.

어떤 문제가 출제될까?

1,000자 정도의 해설문, 수필, 소설 등을 읽고, 내용의 개요와 필자의 생각 등을 이해하는 문제입니다. 글이 길기 때문에 빨리 읽는 것도 필요하지만, 동시에 주의 깊게 읽어야 합니다. 하지만, 그다지 자세한 부분에 대해서 묻는 문제는 없습니다. 그 글이 전달하고자 하는 중요한 점을 묻는 문제가 중심이 됩니다.

통합 이해

◆ **문제의 초점**

여러 개의 글(합계 600자 정도)을 읽고 비교, 통합하면서 이해할 수 있는지 묻는다.

어떤 문제가 출제될까?

여러 개의 글을 읽고 각 글의 요점을 파악하고 비교하면서 공통점이나 차이점 등을 정리합니다. 「문제」에서는 모든 글에서 공통으로 언급하고 있는 것, 또는 각각 다른 점 등을 답합니다.

학습 포인트

이 형식의 문제는 같은 테마나 토픽을 다룬 서로 다른 글을 읽고 비교하는 것이므로 그러한 여러 가지 글들을 읽으며 연습을 하는 것이 필요합니다. 하지만, 글들을 찾기 어려우면 시중에 나와 있는 교재를 이용하는 것도 좋습니다. 가능한 한 많은 문제에 도전해서 글 내용의 공통점과 차이점을 구별해 정리하는 것에 익숙해지도록 합시다. 연습을 하면 할수록 답을 찾는 속도가 빨라질 것입니다.

연습문제

次のAとBは、A大学とB大学の経済学部の案内の文章である。AとBの両方を読んで、後の問いに対する答えとして、最もよいものを1・2・3・4から一つ選びなさい。

A

　現代の経済システムは、私たちの暮らしをとても便利で快適にしました。しかし、一方では様々な社会問題を生み出し、環境保護や産業社会の再生、少子高齢化への対応など、新たな課題が山積みになっています。また、旧来の企業や行政では対応できない領域で、ベンチャー(注1)、NPO・NGOなど新しい組織の活躍が始まっています。では、それは一体なぜなのか、そしてこれから社会はどうなっていくのか。まだどこにも書かれていない、その答えを自分の力で考えることが、経済学部で学ぶ本当の意義です。未来を担う人として、社会の進むべき方向を見抜く洞察力を育てる。経済学はその基礎を提供する学問です。

（「専修大学2006入学ガイド」より）

B

　「人はパンのみにて生きるにあらず」とは、人が人として生きるためには、「パンを食べる」という生理的欲求を満たすだけでは不十分であることを表現しています。それ以外に、精神面での人間的広がりをもつことで、人間らしさが出てくるという意味も含んでいます。しかし、このような精神論は経済的条件を満たした上に成り立つものであって、食が満たされないと社会不安が起き、犯罪に走るなどの非人間的な行動も生まれます。

　経済は人間が存在するための大前提です。経済学部で学ぶのは、経済全体がどう動いているのか、その構造を知り、どう変化していくのか、その将来を予測し、我々が食べていけるのか、生きていけるのかを判断することです。したがって、本学部では、経済活動の現場を知り、実学(注2)から理論へと進んでいくスタイルを基本としています。

（「帝京大学2009カリキュラムガイドブック」より）

（注1）ベンチャー：新しい技術やシステムによって製品の開発などを行う会社
（注2）実学：実際に役立つ学問

1 A、Bのどちらの文章にも書かれている内容はどれか。
   1　経済学の問題点
   2　経済学の今後の変化
   3　経済学部で学ぶこと
   4　経済学と社会学の関係

2 Bの内容の特色はどんなことか。
   1　経済と他分野の関連について学ぶこと。
   2　経済活動を人間の精神面の動きとして考えること。
   3　経済活動を人間が生きるための活動と考えること。
   4　経済学を学んで現実の社会問題を解決することを課題とすること。

3 将来父の会社を継ぐことになっているソンさんは、実践的な知識とそれを運用する力を身につけたいと考えている。ソンさんの希望に合う大学の選び方について、最も適当なものを一つ選びなさい。
   1　実学を重視している点から、B大学を選んだほうがよい。
   2　未来を担う人を育てるという点から、A大学を選んだほうがよい。
   3　自分の力で考え、洞察力を育てるという点から、A大学を選んだほうがよい。
   4　経済の将来について学ぶことができるという点から、B大学を選んだほうがよい。

Ⅲ 독해
주장 이해(장문)

◆ 문제의 초점
사설, 평론 등 추상성, 논리성이 있는 1,000자 정도의 글을 읽고, 전체적으로 전달하고자 하는 주장과 의견을 파악할 수 있는지 묻는다.

어떤 문제가 출제될까?
900자에서 1,000자 정도의 글을 읽고, 전체적으로 전달하고자 하는 의견, 주장, 필자의 생각 등에 대한 질문에 답합니다. N1에 출제되는 글은 신문 사설이나 평론으로 추상적, 논리적인 글입니다. 긴 글을 빨리 읽는 것과 동시에 주의 깊게 읽는 것이 필요합니다.

Ⅲ 독해
정보 검색

◆ 문제의 초점
광고, 팸플릿, 정보지, 비즈니스 문서 등의 정보 소재(700자 정도) 중에서 필요한 정보를 찾아낼 수 있는지 묻는다.

어떤 문제가 출제될까?
실생활에서 자주 보는 안내문 등을 읽고, 필요한 정보를 찾는 문제입니다. 긴 글은 아니므로 깊이 있게 읽을 필요는 없지만, 한자와 어휘의 지식이 없으면 어렵게 느껴집니다. 자기 자신이 실제로 그 정보를 찾는 입장이라고 가정해서 몰두하면 집중할 수 있고, 답을 찾기 쉬울 것입니다.

연습문제

　次は、お歳暮のカタログの一部である。下の問いに対する答えとして、最もよいものを1・2・3・4から一つ選びなさい。

[1]　食事が不規則で、ビタミンが不足しがちな独身男性の森さんに贈るのに適しているのはどれか。

　　　1　BとE　　　　2　BとF　　　　3　AとF　　　　4　AとE

[2]　菜食主義者で料理好きな、アマルさんに贈るのに適しているのはどれか。ただし、予算は3,000円までとする。

　　　1　AとD　　　　2　AとE　　　　3　AとF　　　　4　DとF

各地の名産品がずらり　お歳暮グルメギフト

A	★北海道の野菜と果物がぎっしり！　ドリンク「北の国から」 　　180ml×各12缶 　　箱を開けると、トマト、にんじん、セロリなどの野菜ジュースがずらり。果物を加えて飲みやすくしたミックスジュースは、野菜が苦手な方にもおすすめです。	2,100円 （送料800円）
B	★甲斐（かい）の国の特産米「かいコシヒカリ」　5kg 　　太陽の光に恵まれた大地で愛情たっぷりに育てられたお米です。どの家庭にも欠かせないお米。贈って喜ばれるお米は「かいコシヒカリ」をどうぞ。	2,500円 （送料 全国どこでも800円）
C	★東北のブランド鶏「ひない鶏」の味噌漬け 　　1枚入りパック×5個 　　身がしまって、うまみが強いと人気の「ひない鶏」の肉を甘味のある味噌に漬け込みました。焼くだけで簡単にお召し上がりになれます。	2,200円 （送料800円）
D	★中部油脂「ゴマの香り」ゴマ油詰め合わせ 　　500ミリリットル×3本 　　健康面からの評価が高い植物性油の代表ゴマ油の3種類がセットで。この3種類があれば、和洋中どんな料理にも活用でき、食事のバラエティーが増します。	2,500円 （送料込み）
E	★関東名産の梨「ペアペア」　大玉8個 　　「ペアペア」は、日持ちのよい「ペアA」と甘みの強い「ペアZ」の交配から生まれた新品種。果実は大きなものでは1kgを超えるものもあり、味も香りも抜群の梨です。	3,000円 （送料は地域により異なります。）
F	★煮込みうどんセット「なにわのうどん屋さん」　5食分 　　うどんといえば大阪！　うどんと肉を一人前ずつ真空パックにしてあります。つゆも付いて便利。野菜やきのこといっしょに煮込めば、簡単で栄養満点のごちそうのでき上がり。	3,000円 （送料込み）

IV 청해
과제 이해

◆ 문제의 초점

내용이 갖추어진 본문을 듣고, 내용을 이해할 수 있는지 묻는다. (구체적인 과제 해결에 필요한 정보를 듣고, 다음에 무엇을 하는 것이 적당한지를 이해하는지 묻는다.)

어떤 문제가 출제될까?

본문 안에는 어떤 과제가 있습니다. 그 과제를 이해하고「무엇을 할까?/무엇이 필요할까?/언제/어디/누구」등을 듣습니다. 문제 책자에 인쇄된 보기는 문자인 경우뿐만 아니라, 일러스트도 있습니다.

학습 포인트

청해 문제집을 이용하는 것이 효과적입니다.「과제 이해」의 문제를 연습할 때는 일기예보를 들을 때처럼, 필요한 정보(자기가 사는 지역의 날씨)를 듣고, 다음에 무엇을 할지(우산이 필요할지)를 찾는 연습을 합니다. CD를 들으면서 정보를 계속해서 메모하는 것이 좋습니다. 중요할 것 같은, 정답과 관련이 있을 것 같은 메모에는 ○나 밑줄 등으로 표시합니다.

Ⅳ 청해
포인트 이해

◆ 문제의 초점

내용이 갖추어진 본문을 듣고 내용을 이해할 수 있는지 묻는다. (사전에 제시된 들어야 할 것을 근거로 포인트를 좁혀서 들을 수 있는지 묻는다.)

어떤 문제가 출제될까?

처음에 질문을 듣고, 들어야 할 포인트를 기억합니다. 그 후에, 문제지에 있는 4개의 보기를 읽는 시간이 있으므로 정확히 읽어 둡니다. 문제1(과제 이해)의 듣기 포인트는 구체적인 정보(무엇, 누구, 언제, 어디 등)이지만, 이 문제2의 포인트는 좀 더 어렵습니다. 예를 들면,「말하는 사람의 기분」이나「일이 일어난 이유」등을 듣습니다. 확실히 제시되어 있지 않은 상황, 애매한 표현, 세세한 마음의 움직임 등도 이해할 수 있어야 합니다. 질문의 형태는 「왜/어째서/어떤 이유」가 중심이 됩니다.

학습 포인트

「과제 이해」와 같이 메모를 활용하는 것이 중요합니다. 연습할 때도 처음에 질문에서 제시된 「듣기 포인트」부터 메모해 둡니다. 말로 제시되지 않은 것을 파악하기 위해서는 말투(억양이나 쉬는 곳, 머뭇거림 등)도 실마리가 됩니다. 말하는 사람의 감정이나 진심은 어디에 있는지를 파악하며 듣는 연습도 필요합니다.

IV 청해
개요 이해

◆ 문제의 초점

내용이 갖추어진 본문을 듣고 내용을 이해할 수 있는지 묻는다. (본문 전체에서 말하는 사람의 의도와 주장 등을 이해할 수 있는지 묻는다.)

어떤 문제가 출제될까?

들은 것 전체에서 말하는 사람의 생각이나 주장을 이해하는 문제입니다. 특정 정보나 세부적인 포인트를 듣는 것이 아니라, 전체로부터 큰 개요를 파악합니다. 이 문제에서는 처음에 질문이 제시되지 않습니다. 형식은, 한 사람의 독백(스피치 형식)이 중심이 됩니다. 질문의 형식은 주로 「무엇에 대해서」「무엇을 위해서」입니다.

학습 포인트

처음에 질문이 없기 때문에, 포인트를 좁혀서 듣는 것이 아니라 대강의 뜻을 추측하면서 듣습니다. 세부까지 잘 들으려 하지 말고, 요점을 파악하면서 말의 큰 흐름을 파악할 수 있는 방법으로 듣기를 연습합니다. 추측도 활용합니다.

 즉각적인 응답

◆ 문제의 초점

질문 등의 짧은 발화를 듣고 적절한 응답을 선택할 수 있는지 묻는다.

어떤 문제가 출제될까?

새로운 형식의 문제로, 짧은 대화를 듣고 적절한 대답을 선택합니다. 「발화 표현」의 문제와 같이 회화력과 커뮤니케이션 능력을 묻는 문제입니다. 귀로 들은 것을 이해하는 것뿐만 아니라, 그것에 대해 재빨리 반응해서 대답을 선택해야 합니다. 어떤 장소에서, 어떤 사람이 무엇에 대해 말하고 있는지를 순식간에 알아챌 수 있으면 좋겠지만, 회화가 아주 짧고 정보가 적으므로 아무것도 파악하지 못한 채 음성이 끝나버릴 우려도 있습니다. 하지만, 정답의 실마리가 되는 포인트도 있으므로 그것을 놓치면 안 됩니다.

학습 포인트

짧은 대화를 듣고 바로 어디에서, 어떤 사람이, 무엇에 대해 이야기하고 있는지, 이러한 것을 이해하는 것은 몹시 어렵지만 훈련을 하면 점점 익숙해집니다. 우선 일본인끼리의 대화를 많이 듣는 것이 도움이 됩니다. 교재 연습문제를 많이 풀어 보는 것도 좋겠지요. CD로 문제 연습을 할 때, 귀로 듣고 대답을 찾는 것뿐만 아니라 대화를 소리를 내서 따라 하는 연습을 하면 효과적입니다. 듣는 연습만이 아니라 말하는 연습도 됩니다.

Ⅳ 청해
통합 이해

◆ 문제의 초점
긴 본문을 듣고 다수의 정보를 비교, 통합하면서 내용을 이해할 수 있는지 묻는다.

어떤 문제가 출제될까?

긴 내용을 듣고 이해하는 문제입니다. 다수의 정보를 비교하거나 관련지어야 하므로 레벨이 높은 문제입니다. 다수의 정보란, 세 사람의 대화이거나 또는, 한 사람이 말하고 나서 그것을 들은 두 사람의 대화가 계속되거나 하는 것입니다. 세 사람의 대화에서는 각각의 목소리와 말하는 내용을 분별해서 정보를 정리하는 작업도 필요합니다.

학습 포인트

본문이 긴 편이라서 정보가 여러 개 나오기 때문에 집중해서 요점을 파악하는 연습을 해야 합니다. 많은 정보를 기억하는 것은 무리이므로 메모는 반드시 필요합니다. 단지, 빨리 쓰지 않으면 따라가기 어렵기 때문에 말을 짧게 하기 위해서 기호나 약어를 사용해서 써도 좋고, 모국어로 써도 좋겠지요.

연습문제 정답

Ⅰ 문자 · 어휘
- ◆한자읽기 3
- ◆문맥 규정 (1) 2 (2) 1
- ◆바꾸어 말하기 3
- ◆용법 3

Ⅱ 문법
- ◆문장의 문법1 2
- ◆문장의 문법2 4 바른 문장 : 彼は専門の 分野はもちろんのこと文学から自然科学にいたるまでの幅広い知識をもっている。
- ◆텍스트 문법 1 4 2 1 3 1 4 2 5 3

Ⅲ 독해
- ◆통합이해 1 3 2 3 3 1
- ◆정보검색 1 4 2 1

연습문제 번역

Ⅰ 문자·어휘

〈한자 읽기〉
이 마을은 과거의 흔적이 전혀 남아 있지 않다.
  3 なごり

〈문맥 규정〉
(1) 이 일은 일단 월말까지 끝내는 것을 (   )로 해 주세요.
  1 표시   2 목표   3 견해   4 목차

(2) 이 나라의 (   )첨단 기술을 공부하는 것이 제 유학의 목적입니다.
  1 최   2 고   3 전   4 대

〈바꾸어 말하기〉
우주비행사인 남편이 무사히 지구로 돌아오기를 한결같이 기도하고 있습니다.
  1 단숨에   2 한결같이
  3 열심히   4 단번에

〈용법〉
もてなす(대접하다)
  1 그는 잘생겨서 젊은 여성들에게 잘 대접한다.
  2 이것은 성가신 문제다. 모두가 대접하고 있다.
  3 주인은 손님을 맛있는 요리와 즐거운 음악으로 대접했다.
  4 이번 태풍은 이 지방에 큰 피해를 대접했다.

Ⅱ 문법

〈문장의 문법1(문법 형식의 판단)〉
당신의 능력을 (   ) 어디에서도 멋지게 해낼 수 있을 것이다.
  1 가지고 해도   2 가지고 하면
  3 가진다고 하면   4 가진다고 해도

〈문장의 문법2(문장의 구성)〉
그는 전문 분야는 ___ ___ ★ ___ 갖고 있다.
(그는 전문분야는 물론이고 문학에서 자연과학에 이르기까지의 폭넓은 지식을 갖고 있다.)
  1 폭넓은 지식을   2 물론이고
  3 문학에서 자연과학에   4 이르기까지의

〈텍스트 문법〉

매일매일의 생활에서 완전히 동떨어진 "비일상"을 체험하는 것은 현대인에게 큰 동경이자 사람은 일상 속에서 "비일상"을 추구하는 일을 그만두려 하지 않는다. ☐1☐, 우리는 바쁜 생활 속에 심신을 쉬게 하거나 소설이나 드라마의 세계에 빠져들기도 하면서 일종의 비일상을 체험할 수 있다. 그러나 그러한 비일상은 어디까지나 일상의 일부에 속하거나 연장 ☐2☐. 비일상의 대표라고도 할 수 있는 '여행'조차 쾌적함이나 편리성을 추구하는 나머지 일상의 틀을 넘어서는 것이 ☐3☐. 그럼 우리가 추구하는 비일상은 대체 어디서 찾아낼 수 있는 것일까? 자연이다. 자연 ☐4☐, 관광으로 찾아갈 수 있는 자연이 아니다. 인간의 문명에서 동떨어진, 인간이 생존을 이어갈 수 있는 최소한의 공간, 목숨이 위험할 수도 있는 극한의 장소, 그곳밖에 ☐5☐ 비일상은 존재하지 않는다. 이렇게 해서 사람은 대자연이라는 미지의 세계를 탐험하러 출발한다.

☐1☐ 1 따라서   2 그런데
     3 요컨대   4 분명

☐2☐ 1 ~에 불과하다   2 ~에 해당되지 않는다
     3 ~과 관련되다   4 ~하기 어렵지않다

☐3☐ 1 어렵게 되었다
     2 아닌 것은 아니다
     3 손쉽게 되었다
     4 있을 수 있는 일이다

| 4 | 1 ~라 하더라도 2 ~라고 해도
3 ~라고는 해도 4 ~라고 한들 |

| 5 | 1 대부분   2 군이
3 이미   4 마치 |

〈통합 이해〉

A

> 현대의 경제 시스템은 우리의 생활을 매우 편리하고 쾌적하게 했습니다. 그러나, 한편으로는 여러 가지 사회문제를 낳아 환경보호나 산업사회의 재생, 저출산 고령화에의 대응 등, 새로운 과제가 산적해 있습니다. 또, 종래의 기업과 행정으로는 대응할 수 없는 영역에서 벤처, NPO, NGO 등 새로운 조직의 활약이 시작되고 있습니다. 그럼, 그것은 대체 왜일까? 그리고 앞으로 사회는 어떻게 되는 것일까? 아직 어디에도 쓰여있지 않은 그 해답을 스스로의 힘으로 생각하는 것이, 경제학부에서 배우는 진짜 의의입니다. 미래를 짊어질 사람으로서, 사회의 나아가야 할 방향을 꿰뚫어보는 통찰력을 키운다, 경제학은 그 기초를 제공하는 학문입니다.

B

> '사람은 빵만으로는 살 수 없다'란, 사람이 사람으로서 살아가기 위해서는 '빵을 먹다'라는 생리적 욕구를 충족하는 것만으로는 충분치 않다는 것을 표현하고 있습니다. 그 외에 정신면에서의 인간적 유대를 가짐으로써 인간다워진다는 의미도 포함하고 있습니다. 그러나, 이러한 정신론은 경제적 조건을 충족한 후에 성립되는 것으로, 식(食)이 충족되지 않으면 사회불안이 일어나 범죄를 저지르는 등의 비인간적인 행동도 발생합니다.
> 경제는 인간이 존재하기 위한 대전제입니다. 경제학부에서 배우는 것은, 경제 전체가 어떻게 움직이고 있는지 그 구조를 알고, 어떻게 변화해가는지 그 장래를 예측해 우리들이 먹고 살 수 있는가, 살아갈 수 있는가를 판단하는 것입니다. 따라서, 본 학부에서는 경제활동의 현장을 알고 실학에서 이론으로 나아가는 스타일을 기본으로 하고 있습니다.

| 1 | A, B의 글 모두에 쓰여있는 내용은 어느 것인가?
1 경제학의 문제점
2 경제학의 앞으로의 변화
3 경제학부에서 배우는 것
4 경제학과 사회학의 관계 |

| 2 | B 내용의 특색은 어떤 것인가?
1 경제와 타 분야의 관련에 관해서 배우는 것
2 경제활동을 인간의 정신면의 움직임으로서 생각하는 것
3 경제활동을 인간이 살아가기 위한 활동으로 생각하는 것
4 경제학을 공부해 현실의 사회문제를 해결하는 것을 과제로 하는 일 |

| 3 | 장래 아버지의 회사를 물려받게 되어 있는 손 씨는 실천적인 지식과 그것을 운용하는 능력을 익히려고 한다. 손 씨의 바람에 맞는 대학의 선택방법에 대해서 가장 적당한 것을 하나 고르시오.
1 실학을 중시하고 있는 점에서 B대학을 선택하는 편이 좋다.
2 미래를 짊어질 사람을 키운다는 점에서 A대학을 선택하는 편이 좋다.
3 자신의 힘으로 생각해 통찰력을 키운다는 점에서 A대학을 택하는 편이 좋다.
4 경제의 장래에 대해서 배울 수 있다는 점에서 B대학을 고르는 편이 좋다. |

〈정보 검색〉

| 1 | 식사가 불규칙해서 비타민이 부족하기 쉬운 독신 남성인 모리 씨에게 선물하기에 적당한 것은 어느 것인가?
1 B와 E   2 B와 F   3 A와 F   4 A와 E |

| 2 | 채식주의자에 요리를 좋아하는 아마르 씨에게 선물하기에 적당한 것은 어느 것인가? 단, 예산은 3,000엔까지로 한다.
1 A와 D   2 A와 E   3 A와 F   4 D와 F |

	각지의 명산품이 즐비~ 연말 선물 미식가 GIFT	
A	★홋카이도의 채소와 과일이 가득! 드링크 〈북쪽지방으로부터〉 180ml X 각 12캔 　상자를 열면 토마토, 당근, 샐러리 등의 채소주스가 가득! 과일을 첨가해 마시기 쉽게 만든 혼합주스는 채소를 좋아하지 않는 분께도 추천합니다.	2,100엔 (배송료 : 800엔)
B	★가이의 고장 특산미 〈가이코시히카리〉 5kg 　햇살이 풍부한 대지에서 애정을 듬뿍 받고 자란 쌀입니다. 어느 가정에도 빠질 수 없는 쌀. 보내는 기쁨을 느끼실 수 있는 쌀 〈가이코시히카리〉를 선물하세요.	2,500엔 (배송료 : 전국 어디라도 800엔)
C	★도호쿠의 명품 닭 〈히나이 닭〉의 된장 절임. 1매들이 팩 X 5개 　살이 꽉 차 굉장히 맛있어서 인기 있는 히나이 닭고기를 단맛의 된장에 담갔습니다. 굽기만 하면 간단히 드실 수 있습니다.	2,200엔 (배송료 : 800엔)
D	★추부 유지 〈참깨의 향기〉 참기름 선물세트 500ml X 3병 　건강면에서 높이 평가되는 식물성 기름의 대표. 참기름 3종류가 세트로 구성되었습니다. 이 3종류가 있으면 일식, 양식, 중식 어떤 요리에도 활용할 수 있어 식사가 더욱 다양해집니다	2,500엔 (배송료 포함)
E	★간토 명산품 배 〈페아페아〉 대왕 8개 　〈페아페아〉는 시간이 지나도 잘 변질되지 않는 〈페아A〉와 단맛이 강한 〈페아Z〉의 교배로 탄생한 신품종입니다. 과실은 큰 것 중에는 1kg을 넘는 것도 있어 맛도 향도 뛰어난 배입니다.	3,000엔 (배송료는 지역에 따라 다릅니다.)
F	★졸임 우동세트 〈나니와의 우동가게〉 5인분 　우동 하면 오사카! 우동과 고기를 1인분씩 진공 포장했습니다. 소스도 들어 있어 편리합니다. 채소나 버섯과 함께 졸이면 영양만점의 요리를 간단히 만들 수 있습니다.	3,000엔 (배송료 포함)

新 일본어능력시험
2010년 7월 기출어휘 및 문형 분석

I 문자·어휘

1. 한자 읽기
敏感びんかん 민감
潤うるおう 축축(눅눅)해지다, 습기를 띠다, 넉넉해지다, 혜택을 받다, 이익을 얻다
手数てすう 쓸 수 있는 수단·방법의 수, 수고, 애씀, 성가심, 귀찮음, 폐
壊こわれる 깨지나, 부서지다, 파손되다, 고장 나다
華々はなばなしい 눈부시다

2. 문맥 규정
完結かんけつ 완결
フォロー (일 등에서) 실패하지 않도록 원조함, 지원
念願ねんがん 염원
本音ほんね 본심에서 우러나온 말, 속마음
ひんやり 싸늘한 모양, 썰렁
当とう～ 당～
綿密めんみつ 면밀

3. 바꾸어 말하기
ルーズ 칠칠치 못함, 단정하지 못함, 끊고 맺는 맛이 없음
だらしない (마음가짐·태도 등이) 단정하지 않다, 칠칠하지 못하다, 깔끔하지 못하다
なじむ 익숙해지다, 길들다
慣なれる (자주 경험하여) 예사로워지다, 습관이 되다, 길들다, 숙달되다
競せり合あう (우위에 서려고) 다투다, 경합하다, 서로 경쟁하다
競争きょうそう 경쟁
朗報ろうほう 낭보, 기쁜 소식
わずらわしい 번거롭다, 귀찮다, 성가시다
いやみ (상대에게) 불쾌감을 주는 언동, 또는 그로부터 받는 불쾌감·혐오감
皮肉ひにく 비꼬다, 빈정대다, 야유하다, 비아냥거리다

4. 용법
密集みっしゅう 밀집
潔いさぎよい 맑고 깨끗하다, 결백하다, 떳떳하다, 비겁하지 않다
発足ほっそく 발족
にぎわう 번화해지다, 번창하다, 번성하다
ひとまず 우선, 일단
満喫まんきつ 만끽

Ⅱ 문법

5. 문장의 문법1(문법 형식의 판단)
～では　～로는
～まま　～대로, ～채로
～として　～라고 하여
～いただきたく　～받고 싶어
～極きわまりない　～하기 짝이 없다
～ことはないにしても　～일은 없다고 해도
～でなくてはならない　～가 아니면 안 된다
～などするものか　～같은 것 할쏘냐
～しようとしたほとで　～하려고 한 정도로

6. 문장의 문법2(문장의 구성)

このレストランは、魚料理がおいしい だけあって 主人が 魚屋も経営している と評判だ。
～だけあって　～답게

申し訳ない。僕が ミスをした ばかりに 君にまで 残業してもらう ことになってしまって。
～ばかりに　～바람에, ～탓으로

そもそもこの情報が、責任者である彼に 伝わっていない こと からして おかしい と思う。
～からして　～부터가, ～로 보아

アルバイト先の仲間は、みんな 年が近い こともあって 同世代 ならではの 話でいつも盛り上がっています。
～ならではの　～이 아니고는 안 되는, ～만의

ああ、確か『わかる』という ような 意味 だった と思うんですけど。
～というような　～라고 하는 것 같은

7. 텍스트 문법
～ところで　～했댔자, ～해 보았자
～とはいえ　～(이)라고 해도

Ⅲ 독해

8. 내용 이해(단문)
双方そうほう 쌍방
伝つたえ合あう 서로 전하다
疎通そつう 소통
意味合いみあい 동기나 이유로서 배후에 있는 사정
黙だまる 입을 다물고 말하지 않다, 잠자코 있다
行為こうい 행위
視線しせん 시선, 눈길
仕草しぐさ 무슨 일을 할 때의 동작이나 표정·태도
匿名性とくめいせい 익명성
規制きせい 규제
摘発てきはつ 적발
幅広はばひろい 폭넓다, 광범위하다
顧客こきゃく 고객
拝啓はいけい 배계, 근계(삼가 아뢴다는 뜻으로 편지 머리에 쓰는 말)
師走しわす 음력 섣달
賜たまう 주시다, 내리시다
誠まことに 참으로, 정말로, 실로, 매우
勝手かって 제멋대로 굶, 자기 좋을 대로 함
弊社へいしゃ 폐사(자기 회사에 대한 겸사말)
あらかじめ 미리, 사전에, 앞서서
了承りょうしょう 승낙, 양지(諒知), 납득, 양해
琴線きんせん 미묘한 마음의 움직임, 심금(心琴)
踏ふみ込こむ (힘차게) 발을 내딛다, 발을 들여놓다
ふざける 희롱거리다, 농담하다, 장난치다, 깔보다, 놀리다
錯誤さくご 착오, 착각에 의한 잘못
場当ばあたり 그때그때의 생각에 따라 일을 처리함, 즉흥적, 임시변통
意欲いよく 의욕
前提条件ぜんていじょうけん 전제조건

9. 내용 이해(중문)
奪うばう 빼앗다, (마음·눈 등을) 사로잡다, 끌다
寛容かんよう 관용, 너그러움
帳消ちょうけし (상쇄하고) 남음이 없음, 서로 손득이 없음
修業しゅうぎょう 수업, 학술·기예 등을 배우고 익힘

特徴とくちょう 특징
プラスアルファ 플러스알파, 얼마간 보탬(보탠 것)
魅力みりょく 매력
ステップアップ 스텝 업, (낮은 데서) 올라가다, 향상(진보)하다, 승진하다
話はなしぶり 입담
真似まね 흉내, 모방
繁殖期はんしょくき 번식기
昆虫こんちゅう 곤충
ツバメ[燕] 제비
晴空あおぞら 청천, 맑은 하늘
おしはかる(=推測すいそくする) 추측하다, 헤아리다, 짐작하다
費ついやす 쓰다, 소비하다, 낭비하다
よみがえる 소생하다, 되살아나다

10. 내용 이해(장문)
肝心かんじん 중요, 소중, 요긴함
体験たいけん 체험
脳科学のうかがく 뇌 과학
精鋭せいえい 정예
メカニズム 메커니즘, 기계장치
精巧せいこう 정교
しっぽ 꼬리, 짐승의 꼬리
裏打うらうち (옷을) 안을 받침, 안을 댐, 증거 보강, 다른 면에서의 증거 제시, 뒷받침
駆かり立たてる 몰다, 몰아붙이다, 몰아대다, 쫓아내다, 부추기어 끌어내다, 억지로 몰아넣다
動因どういん 동인, 직접 원인
理屈りくつ 이치, 도리, 사리, 그럴 듯한 논리, (자기 생각을 합리화하려는) 구실, 핑계
計算けいさんづくで 예측대로 되어가서

11. 통합 이해
学歴がくれき 학력
断言だんげん 단언
眉まゆをひそめる 눈살을 찌푸리다
中途半端ちゅうとはんぱ 중동무이, 엉거주춤함, 어중간함
奇妙きみょう 기묘

ほんの 보잘 것 없는
なんとなく (분명한 이유는 없지만) 어쩐지, 어딘지 모르게, 왠지, 무심코
はっと 문득 생각이 미치는 모양, 문득, 퍼뜩, 뜻하지 않은 일로 놀라는 모양, 깜짝
ほどほど 적당한 모양, 적당히, 정도껏
批判ひはん 비판

12. 주장 이해(장문)
給与きゅうよ 급여
報酬ほうしゅう 보수, 보답
インセンティブ 인센티브, 유인(誘因), 동기, (목표 달성을 위한) 자극, 격려, 장려금
ふれあい 상호 접촉함, 마음이 서로 통함
名称めいしょう 명칭
嬉うれしい 기쁘다, 반갑다, 고맙다, 감사하다
愕然がくぜん 악연, 깜짝 놀라는 모양
脅おどかす 위협하다, 협박하다, 으르다, 겁을 주다
得策とくさく 득책, 상책
極端きょくたん 극단
ビッグ 빅, 큰, 대규모의, 중요한
化ばける 둔갑하다, 변신(變身)하다
ボーナス 보너스, 상여금, 특별 배당금
退職金たいしょくきん 퇴직금
人脈じんみゃく 인맥
培つちかう (흙을) 돋우다, 북주다, 가꾸다, 배양하다, 능력이나 심성을 기르다
トータル 토털
かつ 몇 가지 동작이 같이 행해지는 모양, 동시에, 한편, 그 위에, 게다가, 또
ウォッチできる(=観察かんさつできる) 워치, 당직, 망보기, 감시하다, 살펴보다, 관찰하다
いかんともしがたい(=どうしようもない) 어떻게도 할 수 없다, 아무리 해도 하기 어렵다
フリーランス 프리랜스, 전속이 아님, 자유 계약
まさに 확실히, 틀림없이, 정말로, 바로, 꼭 들어맞는 모양, 꼭, 딱, 완전히

13. 정보 검색
コンクール 콩쿠르, 경연회
審査員しんさいん 심사원
応募規定おうぼきてい 응모 규정
注意事項ちゅういじこう 주의 사항
協会きょうかい 협회
イラスト「イラストレーション」의 준말, 일러스트, 삽화, 설명도
水彩画すいさいが 수채화
油絵あぶらえ 유화, 서양화
裏側うらがわ 이면, 뒤쪽, 안쪽
添付てんぷ 첨부
観光係かんこうがかり 관광 담당
表彰式ひょうしょうしき 표창식
主催者しゅさいしゃ 주최자
広報こうほう 홍보

Ⅳ 청해

1. 과제 이해
効率化こうりつか 효율화
指針ししん 지침
クローゼット 클로젯, 수납장, 벽장
プロジェクト 프로젝트, (연구·사업 등의) 계획
務つとまる 맡은 바 임무를 할 수 있다, 감당해내다
繊維せんい 섬유
取引先とりひきさき 거래처
触さわり心地ごこち (몸이나 손으로) 만짐, 닿는 (대하는) 느낌, 촉감
こだわる 구애되다, 일이 순조롭지 않아 중도에서 정체(停滯)되거나 하다
キャンセル 캔슬, 해약(解約), 계약 취소
かしこまりました (윗사람 앞에서) 알았습니다, 명령을 받들어 모시겠습니다, 분부대로 하겠습니다

2. 포인트 이해
ビジネスマナー 비즈니스 매너
潰つぶれる 찌부러지다, 부서지다, 깨지다, 닳아서 무디어지다
品揃しなぞろえ 다양한 상품
肥料ひりょう 비료
デザイナー 디자이너
アドバイス 어드바이스, 조언, 권고, 충고
パッケージ 패키지, 포장, 짐 꾸리기, 특히, 상품 포장용 용기
アピール 어필(=アッピール), 남의 마음을 끄는 힘, 매력
キャラクター 캐릭터, 성격, 성질
その際さい 그 때
従来じゅうらい 종래
飛躍的ひやくてき 비약적
ガソリン 가솔린, 휘발유
コストダウン 코스트다운, 생산 원가의 절하
採用さいよう 채용
鈍にぶる 무디어지다, 둔해지다, 세력(힘)이 약해지다
ライバル 라이벌, 경쟁자, 경쟁 상대, 호적수
宣言せんげん 선언
投入とうにゅう 투입
購入こうにゅう 구입
マーケティング 마케팅, 시장 조사·상품화 계획·판매 촉진 활동 등
提供ていきょう 제공
移うつり変かわり 변천
多様化たようか 다양화

3. 개요 이해
歌番組うたばんぐみ 가요 프로그램
～だけではなく ～뿐만 아니라
挙あげる (식을) 거행하다, 올리다
細長ほそながい 가늘고(좁고) 길다
蜜みつ 꿀
嘴はし 부리, (새의) 주둥이

4. 즉각적인 응답
苦情くじょう 불평, 불만, 푸념, 고충

5. 통합 이해
お買かい得どく 알뜰구매
プリンター 프린터
おまけ 값을 깎음, 할인, 덤
満載まんさい 만재, 사람이나 물건을 가득 실음, 신문·잡지에 기사를 가득 실음
燃料ねんりょう 연료
保険ほけん 보험
ハイキング 하이킹
最優先さいゆうせん 최우선
ジャンル 장르, 종류, 분야
夕暮ゆうぐれ 해질녘, 황혼
庶民しょみん 서민, 일반 대중
鮮あざやかだ 산뜻함, 선명함, 뚜렷함, (솜씨·동작 등이) 능란하여 멋짐, 훌륭함, 뛰어남
推理すいり 추리
活躍かつやく 활약
突破とっぱ 돌파
ヒット作さく 히트, 히트작
描写びょうしゃ 묘사
上昇中じょうしょうちゅう 상승 중

マスコミ 매스컴,「マスコミュニケーション」의 준말
頻繁ひんぱん 빈번
監督かんとく 감독

新 일본어능력시험
실전 모의테스트

2장

실전과 가까운 형태의 시험문제를 풀어보는 것도 합격을 위한 효과적인 준비 중 하나입니다.
실시기관이 발표한 문제수에 따라 만들어진 모의테스트를 풀어보고, 답 쓰는 순서나 시간 배분 훈련을 해 둡시다.
답안용지는 잘라서 사용할 수 있습니다.

模擬試験問題

言語知識（文字・語彙・文法）・読解
（110分）

問題1 ＿＿＿の言葉の読み方として最もよいものを、1・2・3・4から一つ選びなさい。

1 目撃者が証言を拒んでいるため、事実は明らかにすることはできない。
　　1　いなんで　　　2　こばんで　　　3　はげんで　　　4　はさんで

2 銀行から、新事業のために融資を受けた。
　　1　ゆし　　　　　2　ゆうし　　　　3　ゆうじ　　　　4　ゆしつ

3 謹んでお祝いもうしあげます。
　　1　きんで　　　　2　しんで　　　　3　つつしんで　　4　つつんで

4 厳密に言うと、彼の体重は85.35キロです。
　　1　げみつ　　　　2　けんみつ　　　3　げんめつ　　　4　げんみつ

5 田舎に暮らし、自然の恵みを享受している。
　　1　きょうじゅ　　2　きょうしゅ　　3　きょうじゅう　4　きょじゅう

6 音楽を聞きながら、快い眠りに落ちた。
　　1　きもちよい　　2　こころよい　　3　さいわい　　　4　やさしい

問題2 （　　）に入れるのに最もよいものを、1・2・3・4から一つ選びなさい。

7 両国とも領土問題では、決して（　　　）できないと主張している。
　　1　境遇　　　　　2　教訓　　　　　3　妥協　　　　　4　近況

8 社会人になりましたが、まだまだ（　　　）ですので、ご指導をお願いいたします。
　　1　未開　　　　　2　未知　　　　　3　未熟　　　　　4　未練

9 まっすぐ帰ろうと思っていたが、いい匂いに（　　　）されて、ついうなぎ屋に入ってしまった。
　　1　誘致　　　　　2　誘惑　　　　　3　誘導　　　　　4　誘引

10 将軍は（　　　）を内外に示すために豪華な城を建築した。
　　1　圧力　　　　　2　握力　　　　　3　威力　　　　　4　弾力

11 工場では、厳密な検査の後に不良品を（　　　）する。
　　1　阻害　　　　　2　阻止　　　　　3　廃止　　　　　4　廃棄

12 彼は（　　　）豊かにピアノを演奏している。
　　1　愛想　　　　　2　表情　　　　　3　魅力　　　　　4　意図

13 仕事と趣味の（　　　）を目指しているのですが、仕事が忙しくて、なかなか思うようにいきません。
　　1　並行　　　　　2　共鳴　　　　　3　相応　　　　　4　両立

問題3　＿＿＿＿＿の言葉に意味が最も近いものを、1・2・3・4から一つ選びなさい。

14 この新商品と現在発売中の商品とは、うまくすみわけられますか。
　　1　勝ち残れます　　　　　　　　　2　共存できます
　　3　交換できます　　　　　　　　　4　一つに絞れます

15 不況の中でも健康食品は独自の市場をひろげている。
　　1　いつもとは違う　　　　　　　　2　ただ一社だけの
　　3　ほかとは違う　　　　　　　　　4　最も大きい

16 彼は仕事熱心だが、契約の仕方をあやぶむ声も聞かれる。
　　1　不思議に思う　　　　　　　　　2　うらやましいと思う
　　3　心配する　　　　　　　　　　　4　注目する

17 発売前の市場調査でも、手ごたえはなかなかよかった。
1 回答数　　　2 手触り　　　3 反対　　　4 反応

18 かねてご案内いたしましたように、弊社はこの度、移転いたしました。
1 以前から　　　2 ついでに　　　3 何度も　　　4 非公式に

19 環境税の導入については、議会でもすんなり決まらなかった。
1 完全には　　　　　　　2 細かいことまで
3 自然に　　　　　　　　4 問題なく

問題4　次の言葉の使い方として最もよいものを、1・2・3・4から一つ選びなさい。

20 一概に
1 会社の発展のために、社員は一概にならなければならない。
2 地震が起きても、一概に外に飛び出してはいけません。
3 都会は便利で住みやすいというが、一概にそうとも言えない。
4 二つの議題を一概に審査するわけにはいきません。

21 打ち込む
1 相手の会社に打ち込まれて、結局合併する運びとなった。
2 会議の議題は環境問題に打ち込んでいます。
3 彼は毎晩遅くまで仕事に打ち込んでいる。
4 私は全神経を耳に打ち込んでそのニュースを聞いた。

22 ストレス
1 会社の業績が思うように伸びず、ストレスがたまる一方だ。
2 先週から風邪を引き、喉がストレスだ。
3 彼の性格はとてもストレスなので、感情を顔に出さない。
4 信号機は風雨などのストレスを受けて故障してしまった。

[23] 差し支える
1 明日の仕事に差し支えるといけないので失礼します。
2 言いたいことがたくさんあるのに、口元で差し支えた。
3 大きい荷物を持っていたので、改札口で差し支えて通れなかった。
4 山の頂上に行きたかったが、急な坂道が差し支えて行けなかった。

[24] 強烈
1 この試験は強烈で、合格率は2％以下だそうだ。
2 この風車は強烈なので、風速50メートルにも耐えられます。
3 彼が味方になってくれれば、強烈に仕事ができる。
4 彼の強烈な個性は、彼の作品の中にも表れている。

[25] レベル
1 彼の日本語はビジネスをこなせるレベルにまで達している。
2 彼の話はだいたいレベルになっているので、説得力がある。
3 この地方の気候はレベルがいいので、住みやすい。
4 説明するときは、レベルよく話をすればわかりやすい。

問題5　次の文の（　　）に入れるのに最もよいものを、1・2・3・4から一つ選びなさい。

26　彼は来月（　　）会社を辞めて、故郷に戻るとのことです。
　　1　に限って　　2　を限って　　3　に限り　　4　を限りに

27　手作りのカードは、ささやか（　　）心の温まる贈り物だ。
　　1　ながらに　　2　ながらも　　3　ならでは　　4　にあって

28　これは国の将来（　　）重大な条約であり、慎重に検討すべきだ。
　　1　にかかわる　　2　に際して　　3　にしては　　4　に比べて

29　彼は80キロ（　　）荷物を背負って、世界の秘境と呼ばれる山に向かった。
　　1　からある　　2　からする　　3　きわまる　　4　ならではの

30　夏のオリンピックは世界新記録が続出して、新記録（　　）の大会となった。
　　1　がち　　2　ずくめ　　3　なり　　4　まみれ

31　平和で（　　）、いつでも、どこへでも旅行できるのだ。
　　1　あっただけ　　2　あってさえ　　3　あってすら　　4　あればこそ

32　公園の入り口に「ここで花火をする（　　）」という立て札がある。
　　1　にあたらない　　2　のみならず　　3　べからず　　4　を禁じえない

33　子供は無邪気でいいと大人は言うけれど、子供には子供（　　）の悩みもあるんだ。
　　1　なり　　2　に即した　　3　ほど　　4　むけ

34　家は買えない（　　）、せめてもう少し広い部屋に住みたいものだ。
　　1　ところが　　2　ところで　　3　までも　　4　までもなく

35　彼は国家をまかせるに（　　）人物であろうか。
　　1　ある　　2　至る　　3　たる　　4　なる

언어지식(문자・어휘・**문법**)・독해

問題6 次の文の ★ に入る最もよいものを、1・2・3・4から一つ選びなさい。

(問題例)

その店で ＿＿＿ ＿＿＿ ★ ＿＿＿ は川村さんです。
　1　花　　2　買った　　3　を　　4　男性

(解答の仕方)

1．正しい文はこうです。

> その店で ＿＿＿ ＿＿＿ ★ ＿＿＿ は川村さんです。
> 　1　花　　3　を　　2　買った　　4　男性

2．★ に入る番号を解答用紙にマークします。
　　　　(解答用紙)　　(例)　① ● ③ ④

---

[36] 東京生まれで東京育ちの彼が、レストラン＿＿＿ ＿＿＿ ★ ＿＿＿ 住むことができるのだろうか。
　1　田舎に　　2　おろか　　3　喫茶店　　4　さえない

[37] 少子化問題は、＿＿＿ ＿＿＿ ★ ＿＿＿、簡単には解決しないだろう。
　1　政府が　　2　出した　　3　ところで　　4　補助金を

[38] 彼は、＿＿＿ ＿＿＿ ★ ＿＿＿、暇をみつけては練習しています。
　1　知って　　2　楽しさを　　3　ダンスの　　4　からというもの

[39] 歴史がある店といえども、＿＿＿ ＿＿＿ ★ ＿＿＿、お客様に喜んでいただけるよう店員一同サービスに努めます。
　1　あっての　　2　お客様　　3　この店　　4　なのですから

[40] やるだけのことはやったから、あとは ＿＿＿ ＿＿＿ ★ ＿＿＿ だ。
　1　のみ　　2　結果発表を　　3　明日の　　4　待つ

問題7　次の文章を読んで、41 から 45 の中に入る最もよいものを、1・2・3・4から一つ選びなさい。

　　最近、「エキナカ」という言葉をよく聞くようになった。何のことだろうと思っていたら、「エキナカ」とは「駅の中」を略した言い方。 41 、改札を入って、電車に乗るまでの間にある商業スペースのことを指すのだそうだ。
　　駅は電車に乗るための場所。これまでは、改札を通ったら、ホームに直行して電車を待つ、というのが普通だった。それ以外にできることといったら、トイレに行くこと、キオスクで新聞やガムを買うこと、電車を待つ間に急いで立ち食いそばを食べること、ぐらい。
　　それが、今は、エキナカにいろいろな店があるので、つい 42 、無駄な買い物をしたりしてしまうのだ。
　　エキナカの店には、こんなものがある。コンビニエンスストア、コーヒーショップ、書店、弁当屋……。このへんまでは、今までにもあったもので、忙しい人には必要な店だろう。しかし、ドラッグストア、花屋、和・洋菓子店、レストラン、惣菜屋、理容店、クイックマッサージ……、こうなると、もう 43 、街のショッピングセンターのようだ。
　　（中略）
　 44-a からは、「駅から出ないで買い物や食事ができる」「乗車券として使っているＩＣカードで支払いができる」と、便利さを喜ぶ声が多い。また、エキナカに出店する店は多くの人に名前を知ってもらえるし、鉄道会社にはテナント料が入る、と 45 。しかし一方で、 44-b からは、人が駅の中だけにとどまって地域の活性化にならないという不満の声も聞こえてくる。
　　これから、鉄道の駅はどんな役割を持ち、どう変わっていくのだろうか。エキナカがますます充実して、「駅に食事をしにいこう」とか「駅でマッサージをしてくる」などという日が来るのかもしれない。

（『中上級のにほんご』2008年6月号　創作集団にほんごによる）

| 41 | 1 いわば　　2 おそらく　　3 つまり　　4 また |

| 42 | 1 改札に入らなかったり　　　　2 人にぶつかったり
       3 ホームに直行したり　　　　　4 見て歩いたり |

| 43 | 1 駅というより　　　　　　　　2 駅にひきかえ
       3 駅のようで　　　　　　　　　4 駅をさかいに |

| 44 | 1 a エキナカを利用する人　／　b 駅で乗り換える人
       2 a 駅周辺の商店街　　　　／　b エキナカを利用する人
       3 a エキナカを利用する人　／　b 駅周辺の商店街
       4 a 駅周辺の商店街　　　　／　b 駅で乗り換える人 |

| 45 | 1 いいことずくめだ　　　　　2 いいことにすぎない
       3 便利ずくめだ　　　　　　　4 便利にすぎない |

問題8　次の文章を読んで、後の問いに対する答えとして最もよいものを、1・2・3・4から一つ選びなさい。

【8-1】

「雇用の安定性」というメリットのひとつは、ひとたび企業に採用された従業員は、上司の命令によく従い、仲間との協調を保ちつつ、平凡に、出すぎることなく勤めていれば、特別すぐれた功名手柄を立てなくても、その企業が重大な危機にでも見舞われないかぎり、解雇の心配はまったくなく、むしろ年功を積むにつれてしだいに重用され、定年にいたるまで、会社の手厚い庇護(注1)と恩恵を受けることができるという、従業員の身分保障の確実性である。

(尾高邦雄『日本的経営』中公新書による。一部改)

（注1）庇護：弱い立場の者を守ること

[46] 「雇用の安定性」を得るための条件を一つ選びなさい。
1. 仕事の上で、他の社員よりもすぐれた手柄を立てること
2. 退職するまで、決められた通りに会社の仕事をすること
3. 定年まで会社にいられるように、会社側に約束させること
4. 会社が経営危機にあるとき、先頭に立って会社のために働くこと

【8-2】

幼少時では、環境中の情報の量を多くすることによって、施設児の発達を促進できる——ホワイトという人はこれを実験的に確かめた。

彼は施設の子どもを生後六日目から三十六日までの期間、毎日二十分間特別に抱いたり、いじったり、という触覚的経験を与えた。そして通常の保育だけしかなされていない施設児の発達状態とくらべてみた。すると、触覚的刺激を余分に与えられた乳児のほうがその後の視覚的注意の発達で、ややすぐれていた。

(波多野誼余夫・稲垣佳世子『知的好奇心』中公新書による)

[47] この文章の結果から、子どもに対してどのようなことをすればよいか。適切なものを選べ。
1. 子どもが泣くまで、好きなようにさせておく。
2. 子どもにいろいろな音楽を聞かせ、寝かせておく。
3. 子どもの頭をなでたり、子どもに話しかけたりする。
4. 子どもの部屋の天井や壁を白くし、静かで清潔な部屋にする。

【8-3】

「上・下」はかなり客観的な方向のように思える。もちろん序列の優劣にも転用されるから、上が価値を持ち、優れているという判断が伴ってしまう。「天は人の上に人をつくらず、人の下に人をつくらず」と福沢諭吉(注1)のことばにあるが、どうも人間社会はいつの代にも、上下の区別をしたがるものらしい。「上には上があるものだ」「上を見たらきりがない」など、人間は上方志向の気が抜け切れない。<u>無くなったら</u>仙人か何かだ。

(森田良行『日本語をみがく小辞典』講談社による)

(注1)福沢諭吉:明治時代の教育家

48 <u>無くなったら</u>とあるが、何が無くなったらなのか。

1 客観的に判断する力
2 優劣をつけようとする考え方
3 上と下を区別しようとする気持ち
4 今より上のレベルに行こうとする気持ち

【8-4】

ゾウは非常に大きいことにともない一世代の時間が長く、その結果、突然変異により新しい種を生みだす可能性を犠牲にしている。非常に大きいということは非常に特殊化しているとみなせ、これは進化の袋小路に入り込んだことを意味しているだろう。事実、ゾウの仲間で現在生き残っているのはインドゾウとアフリカゾウの二種類だけで、この仲間は絶滅へと向かっているものたちである。ゾウにしてもクジラにしても、巨大なものは、人間が獲る獲らないにかかわらず、近い将来の絶滅が運命づけられているもので、そういう意味でも貴重な動物たちであろう。

(本川達雄『ゾウの時間 ネズミの時間』中公新書による)

49 本文の内容に合うものを一つ選びなさい。

1 現在のゾウは、もはや新種のゾウを生みだせない状況にある。
2 現在のゾウは、人間が乱獲したために、絶滅する可能性がある。
3 現在のゾウは、近い将来、突然変異によって新しい種を生みだすに違いない。
4 現在のゾウは、突然変異によって新しく生みだされたもので、貴重な動物である。

問題9 次の文章を読んで、後の問いに対する答えとして最もよいものを、1・2・3・4から一つ選びなさい。

【9-1】

　明治初年、西欧文化、文明をとり入れて、日本人はおどろくことが多かった。話すことばと書くことばが一致しているのを知って、①<u>文化的衝撃を受けた</u>のはその一例である。日本では文章のことばと談話のことばは大きく異なっているのに対してヨーロッパの言語では文章（文）と談話（言）とがほぼ一致している。外国に追いつくには、やはり言と文を一致させなくてはならないと考えた。それが明治二十年代に始まった言文一致運動である（こまかく言えば、ヨーロッパにしても、完全に言文一致しているわけではない。ただ言文二途のわが国に比べれば、言文一致だとしても差支えないだろう）。

　②<u>涙ぐましいばかりの努力</u>にもかかわらず、日本語の言文一致はなかなか実現しないどころか、百年余りたった現在においても、なお文と言の乖離(注1)は決して小さくない。しかしそれを言文一致だと称して怪しまない。おかしいと言う人もいない。

　言文一致運動をした人たち、そして広く一般の人たちは、なぜ、日本語が長く言文別途であったのか、どうして言文一致への努力がうまく結実しないのかを問うことがなかったのは日本語の特性に対する洞察が不足していたからにほかならない。

（外山滋比古『「読み」の整理学』筑摩書房による）

（注1）乖離：離れていること

50　日本人は、どんなことに対して①<u>文化的衝撃を受けた</u>のか。
1　西欧では、ずっと前から言文一致運動をしていたということ
2　西欧では、文章と談話がほとんど一致していなかったということ
3　西欧では、文章のことばと談話のことばがほぼ一致しているということ
4　日本が西欧に追いつくためには、言文一致運動をしなければならないということ

51　②<u>涙ぐましいばかりの努力</u>とは、どんな努力か。
1　外国に追いつこうと、言文二途にしようとしていること
2　明治二十年代から、言文別途を続けようとしていること
3　言文一致がうまくいかない理由を長い間探ろうとしていること
4　百年もの間、話しことばと書きことばを一致させようとしていること

[52] この文章で筆者が言いたいことは何か。

1　日本語の歴史や特性を理解した上で、言文一致について考えるべきだ。
2　言文一致への努力が不足しているから、言文一致は実現しないだろう。
3　日本語はもともと言文別途の言語だから、言文一致運動はしなくてもよい。
4　日本語は言文一致運動のおかげで、文章と談話の一致が実現できた。

【9-2】
　重ねてきた過去を振り返った時、私はインタビューを重視して仕事をしてきたことが分かった。キャンベラでも指摘されたように、やはり、野球やサッカーといった「スポーツそのもの」に対する知識や経験は、さほど誇れるものではない。この戦術は、チームにどういった効果をもたらすのか。後半からあの選手を投入したことが、結局は終盤の逆転勝利につながった――①私よりも鋭い目を持った書き手が、山ほどいるだろう。

　選手の内面を描きたい。私の行き着いた結論は、そこだった。あの瞬間、何を感じていたのか。何のためにプレーしているのか。今、何を想っているのか。そんなことが伝えられたら。素直に②そう思えた。それには、インタビューだ。もちろん、彼らの「職場」である球場やスタジアムでの姿も自分の目で見る必要がある。だが、それ以上に、インタビューを真剣勝負の場にしたい。そこで、いかに彼らから多くを引き出せるかで勝負できるライター(注1)になりたい。方向性が、見えてきた。

　彼らが取材者に多くを語るのは、そこに信頼感を見出した時だ。語りづらい内容でもこの人に真実を話そうと思うのは、そのライターに心を許しているからだ。

（乙武洋匡『五体不満足』講談社文庫による）

（注1）ライター：文章を書くことを仕事とする人

53　①私よりも鋭い目を持った書き手とは、どのような人か。
1　選手を指導しながら監督の立場から書くことができる人
2　知識や経験が豊富で、戦術について分析することができる人
3　インタビューを重視して選手の気持ちを書くことができる人
4　何のためにプレーしているのか考えながら書くことができる人

54　②そう思えたとあるが、どう思えたのか。
1　逆転勝利の瞬間を伝えたい。
2　選手が思っていることを書きたい。
3　知識を増やし、経験を積み重ねたい。
4　もっとたくさんインタビューがしたい。

[55] 筆者はどのようなライターになりたいと考えているか。
1 相手の信頼を得て、真実を語ってもらえるライター
2 いつも球場やスタジアムにいて、選手を観察するライター
3 自分から真実を話して、相手と楽しく語り合えるライター
4 スポーツそのものに対する知識や経験を生かしたライター

【9-3】

われわれは、「話すように書け」という金言(注1)めいたものを聞かされてきた。しかし、話すように思い付くまま書かれたのでは①読むほうがたまったものではない。話しことばには、無駄が付き物である。話しことばで無駄がないと、聞いているほうはたまったものでない。これに反し、文章では無駄があったのでは読むほうがたまらない。話をしているときは相手が目の前にいるので、手振りなどの補助手段を講じて話をわかりやすくすることもできる。理解できなければ聞き返せる。相手が目の前にいないラジオやテレビの場合は、抑揚(注2)とか、アクセントなどの手段によってわかりやすい形で耳や目にはいるようになっている。しかし、文章ではそくざに聞き返すことができないし、文章には抑揚もアクセントもない。絶えず②一方通行だ。

「話すように書け」が正論ならば、日本語の話せるわれわれ日本人は、すべて意志の疎通がはかれる文章が書けるはずだし、英語が話せる欧米人も、書くための技術を学校で指導などしないだろう。しかし、実際は内容理解に苦しむ文章が蔓延(注3)しているし、欧米でも「効果的な文章の書き方」の授業が盛んなのだ。少なくとも、実用文では「話すように書け」は当たらないといえよう。

(篠田義明『コミュニケーション技術』中公新書による)

(注1) 金言:すぐれたことわざや言葉
(注2) 抑揚:話すときに、声の調子を上げたり下げたりすること
(注3) 蔓延:悪いものがいっぱいに広がること

56 ①読むほうがたまったものではないとは、どういう意味か。
1 無駄が多いので、読むのがいやになる。
2 ほとんど無駄がないので、読みにくくなる。
3 思いつくままに書かれるので、読みやすくなる。
4 わかりやすい形で目にはいるので、読むのが楽になる。

57 筆者は、なぜ文章は②一方通行だと言っているのか。
1 抑揚やアクセントしか伝える手段がないから
2 わからないことを聞き返すことができるから
3 疑問を感じたときに、すぐに質問できないから
4 手振りなどの補助手段を使って伝えられるから

[58] 筆者は「書くこと」についてどのように考えているか。

1 わかりやすい例を入れて、話すように書くとよい。
2 お互いに意思疎通のはかれる文章が書けるとよい。
3 書くための技術などは、学校で指導しなくてもよい。
4 文章は話しことばと違うから、無駄がないほうがよい。

問題10 次の文章を読んで、後の問いに対する答えとして最もよいものを、1・2・3・4から一つ選びなさい。

　今日の子ども中心主義における子への投資は、従来のこうした枠組みの投資観にはおさまりきらないものとなってきている。比喩(注1)を用いるなら、以前の子への投資は自分たちの生活を楽にするための株式投資のようなものであった。けれども、今日ではマネーゲームとしての①それと化している。

　つまり、将来の生活設計を考えての子育てではない。お金がもうかるかどうかは二の次となっているのだ。もちろん、もうからないよりはもうかるに越したことはない。ただ、もうかったらそれでオーケーというわけではない。利殖することより、増やす過程が楽しみと化したのだ。

　子どもに投資して、結果として投資に見合う存在となることも大切であるけれど、投資することに親が喜びを見出していて、とりわけ、母親において、この傾向ははなはだしい。

　昔は、「老いては子に従え」と言われ、子を養った見返りとして、老いた親は子に養われた。今も、将来は子に面倒を見てもらおうと考えて、子育てに励む親がいないとは言えない。しかしながら今の時代の変動は限りなく激しい。10年先に私たちがどういう暮らしをしているのか、見通すことははなはだ難しくなっている。現実に世界で起きている事件の方が、フィクションの想像力をはるかに超えてしまっている始末である。何十年も先の自分の老後をどう設計するかなど、不透明きわまりないと思うのが大多数の心情ではないか。

　だから子に何かを期待したところで、およそあてにできないことぐらい、②皆はなから(注2)承知している。承知した上でなお、子どもへの投資に励むのだ。

　なぜ励むかというと、投資のゲーム感覚が楽しいからである。競馬レースのウマに金めあてでなく、快楽として賭ける感覚に類似しているかもしれない。あるいは耐久消費財をボーナスで購入するのに似ていよう。

　耐久消費財——すなわち、自動車やオーディオ機器である。以前なら、自動車、カラーテレビ、ステレオは豊かな生活のシンボルのようにもてはやされたものであった。高度成長期には、誰もが新製品に胸ときめくものを感じ、いかに買いかえるかに頭をめぐらした。

　だが幸か不幸か、およそ過去のこうした羨望(注3)の的の商品は大衆化した。今やボーナスで何かを買おうとして、何が欲望をそそるだろうか。さしずめIT商品だろうが、それでも昔のような魅力を発しているとは、とうてい思えない。

　とりわけ、この傾向は夫より妻に著しい。ブランド小物だってみんなが持っている。そもそも耐久消費財とは、他人と差別化する機能をはたしてはじめて、所有する意味をもつという側面が見逃せない。大衆化した商品ではどうしようもない。

　では、「私だけ」のものとして自分を光り輝かせてくれる可能性を秘めた、エネルギーをつぎこめる対象は何かないかと周囲を見渡した時、見つけたものがある。それこそ、「（　③　）」なのだった。

（正高信男『ケータイを持ったサル』中公新書による）

(注1) 比喩（ひゆ）：何かに例えて表現すること
(注2) はなから：最初から
(注3) 羨望（せんぼう）：うらやましいと思う気持ち

59 ①それとは、何か。
1 株の利殖
2 株への投資
3 子への投資
4 耐久消費財の購入

60 ②皆はなから承知しているとあるが、何を承知しているのか。
1 子育てに励んでばかりいてはいけないのだということ
2 自分の老後の設計を自分で立てることができないということ
3 将来自分の子どもに面倒を見てもらうことが期待できないということ
4 10年後、子どもがどういう暮らしをしているか想像できないということ

61 （ ③ ）に入るものはどれか。
1 投資
2 わが子
3 耐久消費財
4 マネーゲーム

62 筆者が述べる現代の妻とはどのような人か。
1 将来、子どもに面倒を見てもらおうと考えて、子育てに励む人
2 誰もが持っているような耐久消費財やブランド品を欲しがる人
3 子どもに投資して、人に自慢できるような子を育てようとする人
4 いろいろな可能性を秘めた「私だけ」のブランド品を集めようとしている人

問題11 次のAとBは「桜の開花予想」についてのコラムである。AとBの両方を読んで、後の問いに対する答えとして最もよいものを、1・2・3・4から一つ選びなさい。

A

日本の春と言えばやはり桜だろう。桜の開花予想は、民間の要望に応え、気象庁が一九五五年に始めたものだ。

桜の開花が予測できるのは、つぼみの成長と気温が連動しているからだ。以前は気温の変化を見ながら各地の気象台の担当官がつぼみの重さを調べて、それぞれの地方の開花を予想していたが、一九九六年からは、気象庁がまとめて全国の予想をするようになった。最近では地球温暖化の影響を受け、東京の桜の開花は六日も早くなっているらしい。

この全国の開花予想が来春からとりやめになるという。その背景には、地域に密着し、より的確な予測を出す民間の気象情報サービスの存在がある。公的な機関の事業がまた一つなくなるかと思うと、寂しくてならない。

B

気象庁が一九五五年から続けてきた桜の開花予想が、来春から行われないことになった。気象庁が桜の咲く日を予想するだけだったのに対し、最近は民間会社が正確に開花の予想を出すようになり、桜の名所の見ごろを予想するなどして対抗していた。また、ここ三年の予想と開花日のズレを見たところ、気象庁の精度が最も低く、二〇〇九年は全地点で予想が外れてしまったらしい。

民間サービスの充実により、国の機関が手がける意味がなくなったことから、今回の決定に至ったという。ただし、桜の観測は生き物に及ぼす気候の変動を知る上で重要な情報であるとして、今後も開花日と満開日の観測は続けるそうだ。

事業の維持や継続が望まれる一方で、終了の決断は適切な判断であろう。

[63] AとBのどちらの記事にも触れられている内容はどれか。
1　桜の開花日の予想の仕方
2　桜の開花と気温の変化の関係
3　気象庁と民間サービスの比較
4　桜の開花予想のこれまでの流れ

[64] 気象庁が桜の開花予想をしなくなることについて、AとBはどのような意見を述べているか。
1　AもBも、気象庁の開花予想は伝統ある事業なので、継続すべきだと考えている。
2　Aは開花予想が不要だと考えているが、Bは現状を維持してほしいと願っている。
3　Aは開花予想の終了を残念に思っているが、Bはそれを正しい選択だと考えている。
4　AもBも、民間会社の気象サービスが充実してきたので、廃止は当然だと考えている。

[65] 気象庁が桜の開花予想をしなくなる理由は何だと書かれているか。
1　地球温暖化の影響で、桜の開花予想が外れることが多くなったから
2　民間のサービスが充実し、国の機関が予想しなくてもよくなったから
3　中止すべきだという民間からの要望があり、気象庁もそう判断したから
4　桜の観測に費用がかかり、この事業を維持することが困難になったから

問題12 次の文章を読んで、後の問いに対する答えとして最もよいものを、1・2・3・4から一つ選びなさい。

　連休は読書で過ごす。そんな人も多いのではないだろうか。
　話題の本を手にとる。年末発表のランキングを手がかりにミステリーを楽しむ。古典とじっくり向き合う。冬のこの時期も、本とつきあうのに、いい季節だ。
　今年は「国民読書年」。本を読むのは個人的な営みだが、子どもも大人も気軽に本を読んで、物語を楽しんだり、生きるヒントや必要な情報を得たりすることができる環境を整える手立ては、社会全体で考える必要がある。読書年がその契機になるといい。
　誰もが本と親しむためには、図書館の充実が重要だ。
　国内には3100を超える図書館がある。ほとんどが都道府県や市町村の施設で、この10年で約1.2倍に増えた。しかし、内実が伴っているかというと、日本図書館協会の統計には心配な数字が並んでいる。
　施設は増えたのに、本などを買う資料費の総額は下降線をたどっている。1館あたりで計算すると1千万円足らず。10年前に比べて4分の3以下になった。司書ら専門家はどうか。2000年には7600人以上いた専任職員が1千人以上も少なくなっている。
　図書館の数もまだ、国際的にはかなりの低水準だ。人口あたりの館数は先進7カ国の最下位。平均の半分にも満たないという調査もある。
　地方財政が厳しい中、多くの自治体で、図書館の予算をにわかに大幅に増やすのは難しいだろう。しかし、地域の人々の知恵を集めて、より良くする工夫はできるのではないか。
　例えば、近隣自治体でネットワークを作り、複数の図書館が役割を分担して専門的な本や資料をそろえ、融通し合って利用者の要望に応えるといったやり方も考えられる。県立など大きな図書館による小規模館への積極的なサポートなども進めたい。
　とくに、子どもたちが本と触れ合う拠点にしたい。読み聞かせなどで読書の楽しさを伝える。一方で、知りたいことを調べるために適切な助言をし、資料を使いこなす力を培う。学校図書館とも連携し、子どもと本の結びつきを太く強くしなければならない。
　こうした態勢をつくるには、行政の柔軟な発想と、専門知識のある人材の配置が欠かせない。逆に言えば、それさえ実現すれば、効率良く、貴重な社会基盤を築くことができる。
　古今の英知を体系的に蓄え、未来に伝える。豊かな精神を育み、知性を鍛える。豊富で確かな情報を集めて提供し、住民の生活や仕事に役立てる。図書館は多様な機能を持った知恵袋だ。行政の担当者、図書館で働く人たち、住民らが協力して素晴らしい図書館を育てれば、それは地域社会の優れた核になるはずだ。

（『朝日新聞』2010年1月11日 社説 による）

66 その契機とは、どのような契機か。
1 話題の本を紹介するのに適切な契機
2 読書環境を整える方策を社会全体で考える契機
3 子どもも大人も気軽に本を借りられるようにする契機
4 本を読むのは個人的な営みであることを再認識する契機

67 日本の図書館と先進国の図書館の違いは何か。
1 人口あたりの図書館の数
2 図書館に勤める専門家の数
3 人口あたりの図書館の蔵書数
4 １人の人が１年間に借りる本の数

68 筆者は、日本の図書館の現状は、どうだと言っているか。
1 日本の図書館の数は下降線をたどり、蔵書数も増えていない。
2 日本の図書館は、財政が厳しく、本を買う費用を増やすことができない。
3 日本の図書館は、学校図書館と意見を交換し、子どもたちを対象とした事業を行っている。
4 日本の図書館は、小規模な図書館でも広いネットワークがあり、相互に支援を行っている。

69 この文章で筆者が言いたいことは何か。
1 日本は、自治体や住民が協力し、先進国並みの図書館としての機能をもう十分に果たしている。
2 国や自治体は十分な予算をとり、図書館の蔵書やサービスを充実させることが重要だ。
3 子どもたちが積極的に図書館を利用するように、読み聞かせなどのイベントを行っている自治体が多い。
4 行政、図書館、住民の知恵を集めてよりよい図書館ができれば、貴重な社会基盤を築くことができる。

問題13 次の表は、ある大学が募集したアルバイトの一覧である。下の問いに対する答えとして最もよいものを、1・2・3・4から一つ選びなさい。

70 中国出身で、工学部1年生の男子学生、オウ君ができるアルバイトはいくつあるか。ただし、オウ君は8月10日から8月25日まで帰国予定である。
1　2つ
2　3つ
3　4つ
4　5つ

71 韓国出身の女子学生、ミンさんは、教育学専攻の大学院2年生である。7日間続けて働いて、高収入を得たいと思っている。どのアルバイトをすればよいか。
1　翻訳
2　学生支援
3　試験監督
4　語学教室補助

★夏休み大学アルバイト募集

	職名	期間・時間	給与	仕事内容	募集人員
A	事務補助	8月1日～9月30日（勤務日・時間帯は相談、土日除く）9：00～17：00	時給850円	書類整理、データ入力業務。	5名 男女問わず
B	研究室補助	8月1日～8月10日 8月20日～9月20日 10時～18時	日給6,800円	実験の補助、実験器具の洗浄、研究室の清掃。	2名 工学部の学部2・3年次に在籍する者
C	学生支援	9月21日～30日（勤務日は相談、土日含む）10：00～18：00	日給7,000円	来日直後の短期留学生の生活指導、個別の課外指導、及び学内案内。	3名 留学生に限る
D	図書整理	8月1日～9月30日（勤務日は相談）9：00～17：00	時給850円 日給6,800円	書架整理、パソコンのデータとの照合、書架の組み直し、配置換え等。時間勤務はなし。	2名 学部1・2年次に在籍する者
E	試験監督	第1回 8月23日 第2回 9月15日 9：00～18：00	日給8,000円	秘書検定の試験会場の設営、受験生の誘導、試験中の監督、試験用紙の配布・回収、試験会場の片付け。	4名 学部生は除く。女子学生に限る
F	語学教室補助	①8月の第1週 ②8月の第2週 ③9月の第1週 ④9月の第2週 いずれも月・火・水の3日間 9：00～12：00	3日間で15,000円	日本人向け韓国語クラス、中国語クラスの夏季集中コースの補助。①～④のいずれかのうち、2回以上できること。	各2名 韓国・中国出身者に限る
G	売店棚卸	8月21日、22日 9：00～17：00	日給8,000円	構内の売店の棚卸作業の補助を行う。2日連続でできる方。	5名 男子学生に限る
H	翻訳	8月1日～9月30日	1課題に付き10,000円	英語・アジア諸言語の翻訳。出来高制で時間の制約なし。最高4課題まで。	若干名 修士1・2年に在籍する者

模擬試験問題

聴解
（60分）

もんだい
問題1

問題1では、まず質問を聞いてください。それから話を聞いて、問題用紙の1から4の中から、正しい答えを一つ選んでください。

1番

1 月曜日の午前
2 火曜日の午前
3 木曜日の午前
4 土曜日の午前

2番

	料金 (お1人様)	日程	内容
プランA	19,800円	12月25日～26日 (1泊2日)	宿泊：民宿いろは 食事：夕・朝食（夕食は和洋中バイキング）
プランB	29,000円	12月25日～27日 (2泊3日)	宿泊：白馬旅館　　　　※温泉付き 食事：なし
プランC	29,800円	12月26日～28日 (2泊3日)	宿泊：ホテル白銀　　　※送迎付き 食事：夕・朝食
プランD	48,000円	12月26日～29日 (3泊4日)	宿泊：ホテル大雪　　　※送迎付き 食事：朝食のみ（洋食バイキング）

1 プランA
2 プランB
3 プランC
4 プランD

3番

1　イタリア料理の店
2　中華料理の店
3　日本料理の店
4　フランス料理の店

4番

ア　ピザ
（Lサイズ5枚）

イ　サンドイッチ
（10人分）
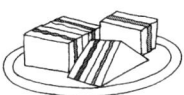

ウ　お茶とジュース
（2リットル・各10本）

エ　紙コップ
（20個）
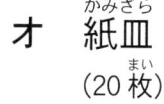

オ　紙皿
（20枚）
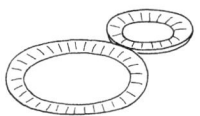

1　ア　イ
2　ア　ウ
3　イ　オ
4　ウ　オ

5番

ア	再発行願い(さいはっこうねがい)
イ	住所変更届(じゅうしょへんこうとどけ)
ウ	学生証紛失届(がくせいしょうふんしつとどけ)
エ	新しい写真2枚(あたらしいしゃしん2まい)
オ	新しい写真1枚(あたらしいしゃしん1まい)
カ	前の学生証と同じ写真2枚(まえのがくせいしょうおなじしゃしん2まい)

1　ア　イ　エ
2　ア　ウ　エ
3　ア　ウ　オ
4　ア　ウ　カ

6番

1　主婦向けの上着やシャツ
2　流行している上着やシャツ
3　流行しているパンツやスカート
4　若者向けのパンツやスカート

もんだい
問題2

問題2では、まず質問を聞いてください。そのあと、問題用紙の選択枝を読んでください。読む時間があります。それから話を聞いて、問題用紙の1から4の中から、正しい答えを一つ選んでください。

1番

1 工事の音がうるさいから
2 大学から遠かったから
3 人間関係が難しくなったから
4 建設反対の署名をしたから

2番

1 ピンクのシャツを着ていること
2 髪型に清潔感がないこと
3 シャツのボタンが取れていること
4 ネクタイをしていないこと

3番

1 転校の手続き
2 転入の手続き
3 転入の手続きと転校の手続き
4 手続きは何もしない

4番

1 恐竜が絶滅した本当の原因を知ること
2 巨大隕石の落下を予知すること
3 植物育成のための科学技術を持つこと
4 地球環境の変化に危機感を持つこと

5番

1 あしたの午前8時
2 あしたの午後8時
3 あさっての午後6時～8時
4 あさっての午後8時以降

6番

1 石川さん
2 川上さん
3 佐藤さん
4 山下さん

7番

1 聞く人が何に興味を持っているかを知ること
2 聞く人に理解してもらおうという意識を持つこと
3 本を読んで、プレゼンの技術を身につけること
4 わかりやすく、聞く人の興味を引く資料を作ること

問題3

問題3では、問題用紙に何も印刷されていません。まず話を聞いてください。それから、質問と選択枝を聞いて、1から4の中から、正しい答えを一つ選んでください。

― メモ ―

もんだい
問題4

問題4では、問題用紙に何も印刷されていません。まず、文を聞いてください。それから、それに対する返事を聞いて、1から3の中から、正しい答えを一つ選んでください。

― メモ ―

問題5

問題5では長めの話を聞きます。

1番

問題用紙に何も印刷されていません。まず、話を聞いてください。それから、質問と選択枝を聞いて、1から4の中から、正しい答えを一つ選んでください。

— メモ —

2番

問題用紙に何も印刷されていません。まず、話を聞いてください。それから、質問と選択枝を聞いて、1から4の中から、正しい答えを一つ選んでください。

— メモ —

3番

まず、話を聞いてください。それから、二つの質問を聞いて、それぞれ問題用紙の1から4の中から、正しい答えを一つ選んでください。

質問1

1　レジ係
2　商品説明係
3　商品発送係
4　電話受け付け

質問2

1　月曜・水曜・金曜の夜
2　水曜・金曜・土曜の夜
3　土曜・日曜の午前
4　土曜・日曜の夜

N1 言語知識（文字・語彙・文法）・読解　解答用紙

名前 Name

問題 1
	①	②	③	④
1	①	②	③	④
2	①	②	③	④
3	①	②	③	④
4	①	②	③	④
5	①	②	③	④
6	①	②	③	④

問題 2
	①	②	③	④
7	①	②	③	④
8	①	②	③	④
9	①	②	③	④
10	①	②	③	④
11	①	②	③	④
12	①	②	③	④
13	①	②	③	④

問題 3
	①	②	③	④
14	①	②	③	④
15	①	②	③	④
16	①	②	③	④
17	①	②	③	④
18	①	②	③	④
19	①	②	③	④

問題 4
	①	②	③	④
20	①	②	③	④
21	①	②	③	④
22	①	②	③	④
23	①	②	③	④
24	①	②	③	④
25	①	②	③	④

問題 5
	①	②	③	④
26	①	②	③	④
27	①	②	③	④
28	①	②	③	④
29	①	②	③	④
30	①	②	③	④
31	①	②	③	④
32	①	②	③	④
33	①	②	③	④
34	①	②	③	④
35	①	②	③	④

問題 6
	①	②	③	④
36	①	②	③	④
37	①	②	③	④
38	①	②	③	④
39	①	②	③	④
40	①	②	③	④

問題 7
	①	②	③	④
41	①	②	③	④
42	①	②	③	④
43	①	②	③	④
44	①	②	③	④
45	①	②	③	④

問題 8
	①	②	③	④
46	①	②	③	④
47	①	②	③	④
48	①	②	③	④
49	①	②	③	④

問題 9
	①	②	③	④
50	①	②	③	④
51	①	②	③	④
52	①	②	③	④
53	①	②	③	④
54	①	②	③	④
55	①	②	③	④
56	①	②	③	④
57	①	②	③	④
58	①	②	③	④

問題 10
	①	②	③	④
59	①	②	③	④
60	①	②	③	④
61	①	②	③	④
62	①	②	③	④

問題 11
	①	②	③	④
63	①	②	③	④
64	①	②	③	④
65	①	②	③	④

問題 12
	①	②	③	④
66	①	②	③	④
67	①	②	③	④
68	①	②	③	④
69	①	②	③	④

問題 13
	①	②	③	④
70	①	②	③	④
71	①	②	③	④

N1 聴解 解答用紙

名前　Name

問題 1

1	①	②	③	④
2	①	②	③	④
3	①	②	③	④
4	①	②	③	④
5	①	②	③	④
6	①	②	③	④

問題 2

1	①	②	③	④
2	①	②	③	④
3	①	②	③	④
4	①	②	③	④
5	①	②	③	④
6	①	②	③	④
7	①	②	③	④

問題 3

1	①	②	③	④
2	①	②	③	④
3	①	②	③	④
4	①	②	③	④
5	①	②	③	④
6	①	②	③	④

問題 4

1	①	②	③
2	①	②	③
3	①	②	③
4	①	②	③
5	①	②	③
6	①	②	③
7	①	②	③
8	①	②	③
9	①	②	③
10	①	②	③
11	①	②	③
12	①	②	③
13	①	②	③
14	①	②	③

問題 5

1		①	②	③	④
2		①	②	③	④
3	1	①	②	③	④
	2	①	②	③	④

모의테스트 정답
언어지식(문자·어휘·문법)·독해

問題 1
問	答
1	2
2	2
3	3
4	4
5	1
6	2

問題 2
問	答
7	3
8	1
9	2
10	3
11	4
12	2
13	3

問題 3
問	答
14	2
15	3
16	3
17	4
18	1
19	4

問題 4
問	答
20	2
21	3
22	1
23	2
24	4
25	1

問題 5
問	答
26	4
27	2
28	2
29	2
30	2
31	1
32	3
33	2
34	3
35	3

問題 6
問	答
36	4
37	2
38	1
39	3
40	4

問題 7
問	答
41	3
42	4
43	1
44	3
45	1

問題 8
問	答
46	2
47	3
48	3
49	1

問題 9
問	答
50	4
51	4
52	1
53	3
54	2
55	1
56	1
57	3
58	4

問題 10
問	答
59	3
60	3
61	2
62	3

問題 11
問	答
63	4
64	3
65	2

問題 12
問	答
66	2
67	1
68	2
69	4

問題 13
問	答
70	3
71	2

청해

問題 1
問	答
1	1
2	3
3	3
4	3
5	2
6	2

問題 2
問	答
1	3
2	2
3	4
4	4
5	2
6	1
7	2

問題 3
問	答
1	4
2	3
3	1
4	3
5	2
6	2

問題 4
問	答
1	3
2	1
3	2
4	3
5	3
6	2
7	1
8	3
9	2
10	1
11	2
12	3
13	1
14	3

問題 5
問		答
1		1
2		2
3	(1)	2
3	(2)	1

모의테스트 번역

〈언어지식·독해〉

문제1 밑줄 친 단어의 읽는 법으로 가장 알맞은 말을 1·2·3·4 중에서 하나 선택하시오.

1　목격자가 증언을 <u>거부</u>하고 있어서 사실을 밝히기는 불가능하다.
　2　こばんで

2　새로운 사업을 위해 은행에서 <u>융자</u>를 받았다.
　2　ゆうし

3　<u>삼가</u> 축하 말씀 드립니다.
　3　つつしんで

4　<u>엄밀히</u> 말하면 그의 체중은 85.35kg입니다.
　4　げんみつ

5　시골에서 지내며 자연의 혜택을 <u>누리고</u> 있다.
　1　きょうじゅ

6　음악을 들으며, <u>기분 좋은</u> 잠에 빠졌다.
　2　こころよい

문제2 (　)에 넣기에 가장 적합한 말을 1·2·3·4 중에서 하나 선택하시오.

7　양국 모두 영토문제에서는 결코 (　)할 수 없다고 주장하고 있다.
　1 경우　2 교훈　3 타협　4 근황

8　사회인이 되었습니다만, 아직 (　)하므로 지도 부탁드립니다.
　1 미개　2 미지　3 미숙　4 미련

9　곧바로 돌아가려고 했으나, 좋은 냄새에 (　) 당해 그만 장어가게에 들어가버렸다.
　1 유치　2 유혹　3 유도　4 유인

10　쇼군은 (　)을 내외에 나타내기 위해 호화로운 성을 건축했다.
　1 압력　2 악력　3 위력　4 탄력

11　공장에서는 엄밀한 검사 후에 불량품을 (　)한다.
　1 저해　2 저지　3 폐지　4 폐기

12　그는 (　) 풍부하게 피아노를 연주하고 있다.
　1 애상　2 표정　3 매력　4 의도

13　일과 취미의 (　)을 지향하고 있습니다만, 일이 바빠서 좀처럼 생각대로 되지 않습니다.
　1 병행　2 공명　3 상응　4 양립

문제3 밑줄 친 말의 의미와 가장 가까운 표현을 1·2·3·4 중에서 하나 선택하시오.

14　이 신상품과 현재 발매 중인 상품은 잘 <u>공존할 수 있습니까</u>?
　1 살아남을 수 있습니다　2 공존할 수 있습니다
　3 교환할 수 있습니다　4 하나로 섞을 수 있습니다

15　불황 속에서도 건강식품은 <u>독자적인</u> 시장을 넓혀가고 있다.
　1 평상시와 다른　2 단 한 회사만의
　3 다른 것들과 다른　4 가장 큰

16　그는 일에 열심이지만 계약 방식을 <u>불안해 하는</u> 소리도 들린다.
　1 이상하게 생각하는　2 부럽게 생각하는
　3 걱정하는　4 주목하는

17　발매 전의 시장조사에서도 <u>반응</u>은 꽤 좋았다.
　1 회답 수　2 촉감
　3 반대　4 반응

18　<u>이미 안내 드린 바와 같이</u> 저희 회사는 이번에 이전하였습니다.
　1 이전부터　2 ~하는 김에
　3 몇 번이나　4 비공식으로

19 환경세의 도입에 대해서는 의회에서도 수월하게 결정되지 않았다.
1 완전히는   2 사소한 것까지
3 자연스럽게   4 문제없이

문제4 다음 어휘의 사용법이 가장 알맞은 것을 1·2·3·4 중에서 하나 선택하시오.

20 一概に (일률적으로)
1 회사의 발전을 위해 사원은 일률적으로 되어야 합니다.
2 지진이 일어나도 일률적으로 밖으로 뛰쳐나가면 안 됩니다.
3 도시는 편리하고 살기 좋다고 하지만 일률적으로 그렇다고도 할 수 없다.
4 두 개의 의제를 일률적으로 심사할 수는 없습니다.

21 打ち込む (몰두하다)
1 상대방 회사에 몰두되어 결국 합병하는 단계가 되었다.
2 회의 의제는 환경문제로 몰두해 있습니다.
3 그는 매일밤 늦게까지 일에 몰두해 있다.
4 나는 모든 신경을 귀로 몰두해 그 뉴스를 들었다.

22 ストレス (스트레스)
1 회사의 실적이 생각대로 오르지 않아 스트레스가 쌓이기만 한다.
2 지난 주부터 감기에 걸려 목이 스트레스다.
3 그의 성격은 매우 스트레스여서 감정을 얼굴에 드러내지 않는다.
4 신호기는 비바람 등의 스트레스를 받아서 고장나고 말았다.

23 差し支える (방해가 되다, 지장을 주다)
1 내일 일에 지장을 주면 안 되므로 실례하겠습니다.
2 하고 싶은 말이 많은데도 입가에서 방해가 되었다.
3 큰 짐을 갖고 있어서 개찰구에서 방해가 되어 통과하지 못했다.
4 산 정상에 가고 싶었지만 가파른 언덕이 방해가 되어 가지 못했다.

24 強烈 (강렬)
1 이 시험은 강렬해서 합격률은 2% 이하라고 한다.
2 이 풍차는 강렬해서 풍속 50미터에도 견딜 수 있습니다.
3 그가 내 편이 되어 준다면 강렬하게 일할 수 있다.
4 그의 강렬한 개성은 그의 작품 속에도 나타나 있다.

25 レベル (레벨, 수준)
1 그의 일본어는 비즈니스가 가능한 수준까지 이르렀다.
2 그의 이야기는 대부분 수준이 되어 있어서 설득력이 있다.
3 이 지방의 기후는 수준이 좋아서 살기 좋다.
4 설명할 때는 수준 좋게 이야기를 하면 알기 쉽다.

문제5 다음 문장의 ( ) 안에 들어갈 가장 적당한 것을 1·2·3·4 중에서 하나 선택하시오.

26 그는 다음달 (   ) 회사를 그만두고 고향에 돌아간다고 합니다.
1 ～에 한해서   2 ～을 한정해
3 ～에 한해서   4 ～을 끝으로

27 손으로 만든 카드는 조촐 (   ) 마음이 따뜻해지는 선물이다.
1 ～면서   2 ～이면서도
3 ～이 아니고는 4 ～에서

28 이것은 나라의 장래 (   ) 중대한 조약으로 신중하게 검토해야 한다.
1 ～에 관련된   2 ～에 즈음하여
3 ～치고는   4 ～에 비해

29 그는 80kg (   ) 짐을 짊어지고, 세계의 비경이라 불리는 산으로 향했다.
1 ～이나 되는   2 ～이나 하는
3 ～하기 짝이 없는 4 ～만의

30 하계 올림픽은 세계 신기록이 속출해 신기록 (   ) 대회가 되었다.

1 ~하기 쉬운　　2 일색인
3 ~모양　　　　4 투성이

[31] 평화(　　) 언제 어디로든 여행할 수 있는 것이다.
1 ~였던 만큼　　2 ~인조차
3 ~마저　　　　4 ~여야 비로소

[32] 공원 입구에 "여기에서 불꽃놀이를 하지(　　)"이라는 팻말이 있다.
1 ~에 맞지 않는다　　2 뿐만 아니라
3 말 것　　　　　　　4 ~를 금할 수 없다

[33] 어린이는 순수해서 좋다고 어른들은 말하지만 어린이에게는 어린이 (　　)의 고민도 있다.
1 나름　　　　2 ~에 입각한
3 만큼　　　　4 ~용

[34] 집은 살 수 없다 (　　) 적어도 조금 더 넓은 방에 살고 싶은 법이다.
1 ~할 터인데　　2 ~해 보았자
3 ~이더라도　　4 ~까지도 없이

[35] 그는 국가를 맡기기에 (　　) 인물일까?
1 있는　　　　2 이르는
3 ~할 만한　　4 되는

문제6 다음 문장의 ＿★＿에 들어갈 적당한 말을 1·2·3·4 중에서 하나 고르시오.

[36] 도쿄에서 태어나 도쿄에서 자란 그가 레스토랑은 ＿＿ ＿＿ ＿★＿ ＿＿ 살 수 있을까?
(도쿄에서 태어나 도쿄에서 자란 그가 레스토랑은커녕 다방조차 없는 시골에 살 수 있을까?)
1 시골에　2 커녕　3 다방　4 조차 없는

[37] 저출산 문제는 ＿＿ ＿＿ ＿★＿ ＿＿, 간단히 해결되지 않을 것이다.
(저출산 문제는 정부가 보조금을 냈다고 해봤자 간단히 해결되지 않을 것이다.)
1 정부가　2 냈다　3 ~해봤자　4 보조금을

[38] 그는 ＿＿ ＿＿ ＿★＿ ＿＿ 틈만 나면 연습하고 있습니다.
(그는 댄스의 즐거움을 안 후 틈만 나면 연습하고 있습니다.)
1 알고　　　　2 즐거움을
3 댄스의　　　4 ~한 후

[39] 역사를 가진 가게라고 해도 ＿＿ ＿＿ ＿★＿ ＿＿, 손님들이 기뻐하실 수 있도록 점원 모두 서비스에 신경을 씁니다.
(역사를 가진 가게라고 해도 손님이 있어야 이 가게가 있기 때문에 손님들이 기뻐하실 수 있도록 점원 모두 서비스에 신경을 씁니다.)
1 ~가 있어야　　2 손님
3 이 가게　　　　4 ~이기 때문에

[40] 할 만큼 했으니 이제는 ＿＿ ＿＿ ＿★＿ ＿＿ 이다.
(할 만큼 했으니 이제는 내일의 결과 발표를 기다릴 뿐이다.)
1 뿐　　　　　2 결과 발표를
3 내일의　　　4 기다릴

문제7 다음 글을 읽고 [41]에서 [45] 안에 들어갈 가장 알맞은 것을 1·2·3·4 중에서 하나 고르시오.

최근 〈에키나카〉라는 말을 자주 듣게 되었다. 무슨 말인가 했더니 에키나카란, 〈에키노나카(역 안)〉를 줄인 표현. [41], 개찰구를 들어가 전철을 타기까지의 사이에 있는 상업 공간을 가리키는 것이라고 한다.
역은 전철을 타기 위한 장소. 지금까지는 개찰구를 지나면 홈으로 직행해서 전철을 기다리는 것이 보통이었다. 그 외에 할 수 있는 일이라면 화장실에 가는 일, 키오스크(구내매점)에서 신문이나 껌을 사는 일, 전철을 기다리는 동안 서서 급히 메밀국수를 먹는 일 정도였다. 그것이, 지금은 역 안에 다양한 가게가 있어서 그만 [42] 쓸데없이 물건을 사거나 하는 것이다.
에키나카의 가게에는 이런 것이 있다. 편의점, 커피숍, 서점, 도시락가게……, 이 정도까지는 지금까지도 있었던 것으로 바쁜 사람에게는 필요한 가게일 것이다. 그러나 약국, 꽃집, 일본·서양과자점, 레스토랑, 반찬가게,

이용원, 퀵 마사지……, 이렇게 되면 이미 43 거리의 쇼핑센터와 같다.
　　(중략)
　44-a 으로부터는 '역에서 나가지 않고 쇼핑이나 식사를 할 수 있다', '승차권으로 쓰고 있는 IC카드로 계산할 수 있다'고 편리함을 기뻐하는 목소리가 많다. 또, 에키나카에 출점하는 가게는 많은 사람에게 이름을 알릴 수 있고 철도회사에는 임대료가 들어온다는 45 . 그러나 한편으로 44-b 으로부터는 사람들이 역 안에만 머물러 지역 활성화가 되지 않는다는 불만의 목소리도 들려온다.
　앞으로 철도역은 어떤 역할을 갖고 어떻게 변해 갈 것인가? 에키나카가 더욱 더 알차져서 '역에 식사하러 가자'라든가 '역에서 마사지하고 올게'라고 하는 그러한 날이 올지도 모른다.

41 1 이른바　2 적어도　3 즉　4 또한

42 1 개찰에 들어가지 않거나
　　2 사람과 부딪치거나
　　3 홈으로 직행하거나
　　4 보면서 다니거나

43 1 역이라고 하기 보다
　　2 역과 반대로
　　3 역 같아서
　　4 역을 경계로

44 1 a 에키나카를 이용하는 사람
　　　b 역에서 갈아타는 사람
　　2 a 역 주변의 상점가
　　　b 에키나카를 이용하는 사람
　　3 a 에키나카를 이용하는 사람
　　　b 역 주변의 상점가
　　4 a 역 주변의 상점가
　　　b 역에서 갈아타는 사람

45 1 좋은 점 투성이다
　　2 좋은 점에 지나지 않는다
　　3 편리한 것 투성이다
　　4 편리함에 지나지 않는다

문제8　다음 글을 읽고 뒤의 물음에 대한 답으로 가장 알맞은 것을 1·2·3·4 중에서 하나 고르시오.

【8-1】
　'고용의 안정성'이라는 메리트 중 하나는 일단 기업에 채용된 종업원은 상사의 명령에 잘 따르고 동료와의 협조를 유지해 가면서 평범하게, 주제넘게 나서는 일 없이 근무하고 있으면 특별히 뛰어난 공을 세우지 않아도 그 기업이 중대한 위기에라도 휩싸이지 않는 한 해고의 걱정은 전혀 없으며, 오히려 근속연수가 쌓임에 따라 점차 중용되어 정년이 될 때까지 회사의 두터운 비호와 혜택을 받을 수 있다는, 종업원 신분보장의 확실성이다.

(주1) 비호 : 약한 입장의 사람을 지키는 것

46 '고용의 안정성'을 얻기 위한 조건을 하나 고르시오.
　1 일에서 다른 사원보다도 뛰어난 공을 세우는 것
　2 퇴직할 때까지 정해진 대로 회사일을 하는 것
　3 정년까지 회사에 있을 수 있도록 회사측에 약속시키는 것
　4 회사가 경영위기에 있을 때, 선두에 서서 회사를 위해 일하는 것

【8-2】
　어릴 때는 환경 중의 정보의 양을 많게 함으로써, 시설에 있는 아이의 발달을 촉진할 수 있다 - 화이트라는 사람은 이것을 실험적으로 확인했다.
　그는 시설의 아이들을 생후 6일째부터 36일까지의 기간 동안 매일 20분간 특별히 안아주거나 만지거나 하는 촉각적 경험을 주었다. 그리고 통상적인 보육밖에 받지 못하는 시설의 아이들의 발달 상태와 비교해 보았다. 그러자 촉각적 자극을 좀 더 받은 유아 쪽이 그 후의 시각적 주의의 발달에서 다소 뛰어났다.

47 이 글의 결과로 보아, 아이에게 어떠한 일을 하면 좋은가? 적절한 것을 고르시오.
　1 아이가 울 때까지 좋을 대로 내버려둔다.
　2 아이에게 여러 가지 음악을 들려주고 재워둔다.
　3 아이의 머리를 쓰다듬거나, 아이에게 말을 걸거나 한다.
　4 아이 방의 천장과 벽을 하얗게 해 조용하고 청결한 방으로 만든다.

【8-3】
'상·하'는 꽤 객관적인 방향처럼 생각된다. 물론 서열의 우열에도 쓰이므로, 위가 가치를 갖고 뛰어나다고 하는 판단이 따라버린다. '하늘은 사람 위에 사람을 만들지 않고, 사람의 밑에 사람을 만들지 않았다'라고 후쿠자와 유키치의 말에 있으나, 아무래도 인간사회는 어느 시대에든 상하를 구별짓고 싶어하는 듯하다. '위에는 위가 있는 법이다', '위를 보면 한이 없다' 등 인간은 상방지향의 성질에서 벗어나지 못한다. <u>없어진다면</u> 신선이거나 그 무엇일 것이다.

(주1) 후쿠자와 유키치 : 메이지시대의 교육가

48 '없어진다면'이라고 했는데, 무엇이 없어진다면 인가?
 1 객관적으로 판단하는 힘
 2 우열을 가리려고 하는 사고방식
 3 위와 아래를 구별하려고 하는 마음
 4 지금보다 위의 수준으로 가고자 하는 마음

【8-4】
코끼리는 굉장히 큼에 따라 한 세대의 시간이 길어, 그 결과 돌연변이에 의해 새로운 종을 낳을 가능성을 희생하고 있다. 굉장히 크다는 것은 매우 특수화되어 있다고 간주되고 이것은 진화의 막다른 골목에 깊숙이 들어온 것을 의미할 것이다. 사실, 코끼리의 무리로 현재 살아남아 있는 것은 인도코끼리와 아프리카 코끼리 두 종류뿐으로, 이 무리는 멸종을 향해 가고 있는 것들이다. 코끼리든 고래든, 거대한 것은 인간이 잡든 잡지 않든 상관없이 가까운 장래에 멸종이 운명지어져 있는 것들로, 그러한 의미에서도 귀중한 동물들일 것이다.

49 본문 내용에 맞는 것을 하나 고르시오.
 1 현재의 코끼리는 이미 신종 코끼리를 낳을 수 없는 상황에 있다.
 2 현재의 코끼리는 인간이 남획한 탓에 멸종할 가능성이 있다.
 3 현재의 코끼리는 가까운 장래에 돌연변이에 의해 새로운 종을 낳을 것임에 틀림없다.
 4 현재의 코끼리는 돌연변이에 의해 새롭게 태어난 것으로, 귀중한 동물이다.

문제9 다음 글을 읽고 뒤의 물음에 대한 답으로 가장 알맞은 것을 1·2·3·4 중에서 하나 고르시오.

【9-1】
메이지 초년 서구 문화와 문명을 도입하고 일본인은 놀라는 일이 많았다. 구어와 문어가 일치하고 있는 것을 알고 ①<u>문화적 충격을 받은</u> 것은 그 한 예이다. 일본에서는 글의 말과 대화의 말이 크게 다른 것에 반해 유럽의 언어에서는 글(문)과 대화(언)가 거의 일치하고 있다. 외국을 따라잡으려면 역시 언과 문을 일치시켜야 한다고 생각했다. 그것이 메이지 20년대에 시작된 언문일치 운동이다 (자세히 말하자면 유럽이라 해도 완전히 언문이 일치하는 것은 아니다. 단지 언문이도의 일본에 비하면 언문일치라고 해도 지장이 없을 것이다).
②<u>눈물겨운 노력</u>에도 불구하고 일본어의 언문일치는 좀처럼 실현되지 않을뿐더러 백여 년이 지난 현재에도 여전히 문과 언의 괴리는 결코 작지 않다. 그러나 그것을 언문일치라고 칭해도 이상하게 보지 않는다. 이상하다고 하는 사람도 없다.
언문일치 운동을 한 사람들, 그리고 널리 일반 사람들은 왜 일본어가 오랫동안 언문별도였는가, 어째서 언문일치에의 노력이 제대로 결실을 맺지 않는가를 물은 적이 없었던 것은 일본어의 특성에 대한 통찰이 부족했기 때문이다.

(주1) 괴리 : 떨어져 있는 것

50 일본인은 어떤 것에 대해 ①<u>문화적 충격을 받은</u> 것인가?
 1 서구에서는 오래 전부터 언문일치 운동을 하고 있었다는 것
 2 서구에서는 글과 대화가 거의 일치하지 않고 있었다는 것
 3 서구에서는 글의 말과 대화의 말이 거의 일치하고 있다는 것
 4 일본이 서구를 따라잡기 위해서는 언문일치 운동을 해야 한다는 것

51 ②<u>눈물겨운 노력</u>이란, 어떤 노력인가?
 1 외국을 따라잡으려고 언문이도로 하려고 하고 있는 것
 2 메이지 20년대부터 언문별도를 계속하려고 하고 있는 것

3 언문일치가 잘 되지 않는 이유를 오랜 기간 찾으려고 하고 있는 것
4 백년이나 되는 동안, 구어와 문어를 일치시키려고 하고 있는 것

52 이 글에서 필자가 말하고자 하는 것은 무엇인가?
1 일본어의 역사와 특성을 이해한 다음에 언문일치에 대해 생각해야 한다.
2 언문일치에의 노력이 부족하기 때문에, 언문일치는 실현되지 않을 것이다.
3 일본어는 원래 언문별도의 언어이므로, 언문일치 운동은 하지 않아도 된다.
4 일본어는 언문일치 운동 덕분에 글과 대화의 일치가 실현되었다.

【9-2】
쌓아온 과거를 뒤돌아보았을 때, 나는 인터뷰를 중시하며 일해왔다는 것을 알았다. 캔버라에서도 지적당한 것처럼 역시 야구나 축구라는 '스포츠 그 자체'에 대한 지식이나 경험은 그다지 자랑할 수 있는 것은 아니다. 이 전술은 팀에 어떠한 효과를 가져오는가, 후반부터 그 선수를 투입한 것이 결국은 종반의 역전승으로 연결됐다. -①나보다도 예리한 눈을 가진 필자가 산처럼 많을 것이다.
선수의 내면을 그리고 싶다. 내가 도달한 결론은 그곳이었다. 저 순간 무엇을 느꼈던 것일까, 무엇을 위해 경기하고 있는가, 지금 무엇을 생각하고 있는가. 그런 것을 전달할 수 있다면……, 자연스레 ②그렇게 생각되었다. 그러기 위해서는 인터뷰다. 물론 그들의 '직장인' 구장이나 스타디움에서의 모습도 내 눈으로 볼 필요가 있다. 그러나 그 이상으로 인터뷰를 진검승부의 장으로 삼고 싶다. 그 점에서 어떻게 그들로부터 많은 것을 끌어낼 수 있는가로 승부할 수 있는 라이터가 되고 싶다. 방향성이 보였다.
그들이 취재자에게 많은 것을 이야기하는 것은, 거기서 신뢰감을 찾아냈을 때다. 이야기하기 어려운 내용이라도 이 사람에게 진실을 이야기하고자 하는 것은 그 라이터에게 마음을 열고 있기 때문이다.

(주1) 라이터 : 글 쓰는 일을 직업으로 하는 사람

53 ①나보다도 예리한 눈을 가진 필자란 어떤 사람인가?
1 선수를 지도하면서 감독 입장에서 쓸 수 있는 사람
2 지식과 경험이 풍부해 전술에 대해 분석할 수 있는 사람
3 인터뷰를 중시해서 선수의 기분을 쓸 수 있는 사람
4 무엇을 위해 경기하고 있는가 생각하며 쓸 수 있는 사람

54 ②그렇게 생각되었다라고 했는데, 어떻게 생각되었는가?
1 역전승의 순간을 전하고 싶다.
2 선수가 생각하고 있는 것을 쓰고 싶다.
3 지식을 늘리고 경험을 쌓고 싶다.
4 더욱 많은 인터뷰를 하고 싶다.

55 필자는 어떠한 라이터가 되고 싶다고 생각하고 있는가?
1 상대방의 신뢰를 얻어 진실을 들을 수 있는 라이터
2 언제나 구장이나 스타디움에 있어, 선수를 관찰하는 라이터
3 자신이 먼저 진실을 이야기하고 상대방과 즐겁게 이야기할 수 있는 라이터
4 스포츠 그 자체에 대한 지식과 경험을 살린 라이터

【9-3】
우리는 '이야기하듯이 써라'라는 금언 같은 말을 들어왔다. 그러나 이야기하듯이 생각나는 대로 쓰여진 것은 ①읽는 쪽이 참을 수 없다. 구어에는 불필요한 말(사족)이 붙기 마련이다. 구어에서 사족이 빠지면 듣는 쪽은 참을 수 없다. 이에 반해 글에서는 사족이 있으면 읽는 쪽이 견딜 수 없다. 이야기를 할 때는 상대방이 바로 앞에 있기 때문에 손짓 같은 보조수단을 이용해 이야기를 이해하기 쉽게 할 수도 있다. 이해를 못하면 되물을 수 있다. 상대방이 앞에 없는 라디오나 TV의 경우, 억양이나 악센트 같은 수단에 의해 이해하기 쉬운 형태로 귀나 눈에 들어오게 되어 있다. 그러나, 글에서는 바로 반문하지 못하고 글에는 억양도 악센트도 없다. 끊임없이 ②일방통행이다.
'이야기하듯이 써라'가 정론이라면 일본어로 말하는 우리 일본인은 모든 의사소통을 할 수 있는 글을 쓸 수 있고, 영어를 하는 구미 사람도 쓰기 위한 기술을 학교에서 지도하거나 하지 않을 것이다. 그러나 실제는 내용 이해

가 골치 아픈 글이 만연해 있고 구미에서도 '효과적인 글 쓰는 법' 수업이 성행한다. 적어도 실용문에서는 '이야기하듯이 써라'는 맞지 않는다고 할 수 있겠다.

(주1) 금언 : 훌륭한 속담이나 말
(주2) 억양 : 이야기할 때, 목소리의 어조를 올리거나 내리는 것
(주3) 만연 : 나쁜 것이 가득 퍼지는 것

[56] ①읽는 쪽이 참을 수 없다란, 무슨 뜻인가?
1 쓸데없는 말이 많아서 읽기 싫어진다.
2 거의 군더더기가 없어서 읽기 싫어진다.
3 생각나는 대로 쓰여서 읽기 쉬워진다.
4 이해하기 쉬운 형태로 눈에 들어오기 때문에 읽는 것이 즐거워진다.

[57] 필자는 왜 글은 ②일방통행이다라고 하고 있는가?
1 억양이나 악센트밖에 전달할 수단이 없어서
2 모르는 것을 반문할 수 있기 때문에
3 의문이 생겼을 때 바로 질문할 수 없기 때문에
4 손짓 등의 보조수단을 사용해 전달할 수 있기 때문에

[58] 필자는 '쓰는 것'에 대해 어떻게 생각하고 있는가?
1 알기 쉬운 예를 넣어서 말하듯 쓰면 좋다.
2 서로 의사소통이 가능한 글을 쓸 수 있으면 좋다.
3 쓰기 위한 기술 따위는 학교에서 지도하지 않아도 된다.
4 글은 구어와 다르기 때문에, 사족이 없는 편이 좋다.

문제10 다음 글을 읽고 뒤의 물음에 대한 답으로 가장 알맞은 것을 1·2·3·4 중에서 하나 고르시오.

오늘날의 자녀 중심주의에 있어서 자녀에 대한 투자는 종래의 이러한 구조의 투자관과는 맞지 않는 것으로 되고 있다. 비유를 하자면 이전의 자녀에 대한 투자는 자신들의 생활을 편하게 하기 위한 주식투자와 같은 것이었다. 그러나 오늘날에는 머니 게임으로서의 ①그것으로 변하고 있다.

즉, 장래의 생활 설계를 생각한 자녀 양육이 아니다. 돈벌이가 될지 안 될지는 2차적인 문제가 된 것이다. 물론, 돈벌이가 되지 않는 것보다는 돈벌이가 되는 것처럼 좋은 것은 없다. 단, 돈벌이가 되면 그것으로 그만이라는 것은 아니다. 이식하는 것보다 늘리는 과정이 즐거움으로 변한 것이다.

자녀에게 투자해서 결과로서 투자에 걸맞는 존재가 되는 것도 중요하지만, 투자하는 일에 부모가 기쁨을 찾아내고 있고 특히, 어머니에게 이 경향이 매우 심하다.

옛날에는 '늙어서는 자식을 따르라'고 해 자녀를 키운 대가로서 늙은 부모는 자식이 부양했다. 지금도 장래에는 자녀가 돌보아 줄 것을 기대해 자식 키우는 것에 힘쓰는 부모가 없다고는 할 수 없다. 하지만 요즘 시대의 변동은 한없이 급격하다. 10년 후에 우리들이 어떤 생활을 하고 있을지 예측하는 일은 대단히 어려워지고 있다. 현실 세계에서 일어나고 있는 사건 쪽이 픽션의 상상력을 훨씬 뛰어넘고 있는 상황이다. 몇 십 년이나 뒤의 자신의 노후를 어떻게 설계할까 따위 불투명하기 짝이 없다고 생각하는 것이 대다수의 심정이 아닐까?

그래서 자녀에게 무언가를 기대해봤자 대체로 가망이 없다는 것 정도는 ②모두 처음부터 알고 있다. 알면서 더욱 자녀에 대한 투자에 힘쓰는 것이다.

왜 힘쓰는가 하면 투자의 게임감각이 즐겁기 때문이다. 경마 레이스의 말에게 금메달이 목적이 아닌, 쾌락으로서 돈을 거는 감각과 유사한지도 모른다. 혹은, 내구소비재를 보너스로 구입하는 것과 비슷한 것 같다.

내구소비재-즉, 자동차나 오디오 기기이다. 예전 같으면 자동차, 컬러 텔레비전, 스테레오는 풍족한 생활의 상징처럼 인기 있는 것이었다. 고도 성장기에는 누구라도 신제품에 가슴 설레임을 느껴, 어떻게 새로 사서 바꾸나 하고 머리를 굴렸다.

그러나, 행복인지 불행인지 일반적으로 과거의 이러한 선망의 대상인 상품은 대중화되었다. 당장 보너스로 무언가를 사자고 치면 무엇이 욕망을 자극할까? 결국 IT 상품이겠지만, 그래도 옛날과 같은 매력을 발하고 있다고는 도저히 생각할 수 없다.

특히, 이 경향은 남편보다 아내에게서 뚜렷이 나타난다. 작은 명품 정도는 모두가 갖고 있다. 원래 내구소비재란, 타인과 차별화되는 기능을 다하고 나서야 비로소 소유하는 의미를 갖는다는 측면을 간과할 수 없다. 대중화된 상품으로는 어쩌할 수 없다.

그럼 '나만의' 것으로서 자신을 빛나게 해 줄 가능성을 간직한, 에너지를 부어 넣을 수 있는 대상은 뭐 없을까 하고 주위를 둘러봤을 때 발견한 것이 있다. 그것이 바로 '(③)'였던 것이다.

(주1) 비유 : 무엇인가를 예를 들어 표현하는 것

(주2) 처음부터 : 처음부터

(주3) 선망 : 부럽다고 생각하는 기분(마음)

59 ①그것이란 무엇인가?
1 주식의 이식
2 주식으로의 투자
3 자녀에 대한 투자
4 내구소비재의 구입

60 ②모두 처음부터 알고 있다라고 하였는데 무엇을 알고 있는가?
1 자녀 키우기에만 힘쓰고 있으면 안 된다는 것
2 자신의 노후 설계를 스스로 세우지 못한다는 것
3 장래 자신의 아이가 돌보아 줄 것을 기대할 수 없다는 것
4 10년 후 아이가 어떠한 생활을 하고 있을까 상상할 수 없다는 것

61 (③)에 들어갈 것은 어느 것인가?
1 투자
2 내 아이
3 내구소비재
4 머니 게임

62 필자가 말하는 현대의 아내란 어떤 사람인가?
1 장래, 자녀가 돌보아 줄 것이라 생각해 자녀 양육에 힘쓰는 사람
2 누구나 갖고 있을 법한 내구소비재와 명품을 갖고 싶어하는 사람
3 아이에게 투자해서 타인에게 자랑할 수 있을 만 아이를 키우려고 하는 사람
4 여러 가능성을 간직한 '나만의' 명품을 모으려고 하는 사람

문제11 다음 A와 B는 '벚꽃의 개화 예상'에 관한 칼럼이다. A와 B를 읽고 뒤의 물음에 대한 답으로 가장 알맞은 것을 1·2·3·4 중에서 하나 고르시오.

A

일본의 봄이라 하면 역시 벚꽃일 것이다. 벚꽃 개화 예상은, 민간의 요망에 응하여 기상청이 1955년에 시작한 것이다.

벚꽃 만개가 예측 가능한 것은 꽃봉오리의 성장과 기온이 연동되어 있기 때문이다. 이전에는 기온의 변화를 보면서 각지 기상대의 담당관이 꽃봉오리의 무게를 조사해 각 지방의 개화를 예상했으나, 1996년부터는 기상청이 정리해서 전국의 예상을 하게 되었다. 최근에는 지구 온난화의 영향을 받아 도쿄의 벚꽃 만개는 6일이나 빨라졌다고 한다.

이 전국의 개화 예상이 내년 봄부터 중지된다고 한다. 그 배경에는 지역에 밀착해, 보다 정확한 예측을 내는 민간의 기상정보 서비스의 존재가 있다. 공적 기관의 사업이 또 하나 사라지는가 생각하면 너무나 허전하다.

B

기상청이 1955년부터 계속해 온 벚꽃 개화 예상이 내년 봄부터 행해지지 않게 되었다.

기상청이 벚꽃 피는 날을 예상할 뿐이었던 것에 반해, 최근에는 민간회사가 정확하게 개화 예상을 내게 되어 벚꽃 명소의 절정기를 예상하는 등 해서 대항하고 있었다. 또, 최근 3년의 예상과 개화일의 오차를 본 바, 기상청의 정확도가 가장 낮아 2009년에는 전 지점에서 예상이 빗나갔다고 한다.

민간 서비스의 충실함으로 인해 국가 기관이 직접 할 의미가 없어져 이번 결정에 이르렀다고 한다. 단, 벚꽃 관측은 생물에 미치는 기후의 변동을 알고 난 후 중요한 정보이므로, 앞으로도 개화일과 만개일의 관측은 계속한다고 한다.

사업의 유지나 계속이 희망되는 반면, 종료의 결단은 적절한 판단일 것이다.

63 A와 B 기사 모두에서 다루어지고 있는 내용은 어느 것인가?
1 벚꽃 개화일의 예상 방법
2 벚꽃의 개화와 기온 변화의 관계
3 기상청과 민간 서비스의 비교
4 벚꽃 개화 예상의 지금까지의 흐름

64 기상청이 벚꽃 개화 예상을 하지 않게 된 것에 대해 A와 B는 어떠한 의견을 펴고 있는가?
1 A, B 모두 기상청의 개화 예상은 전통 있는 사업이므로 계속해야 한다고 생각한다.
2 A는 개화 예상이 불필요하다고 생각하나 B는 현상을 유지해 주었으면 하고 바라고 있다.
3 A는 개화 예상의 종료를 유감스럽게 생각하나, B는 그것을 바른 선택이라고 생각한다.
4 A, B 모두 민간회사의 기상 서비스가 충실해 왔으므로 폐지는 당연하다고 생각한다.

65 기상청이 벚꽃 개화 예상을 하지 않게 된 이유는 무엇이라고 쓰여 있는가?
1 지구 온난화의 영향으로 벚꽃 개화 예상이 빗나가는 일이 많아졌기 때문에
2 민간 서비스가 충실해서, 국가 기관이 예상하지 않아도 되게 되었기 때문에
3 중지해야 한다는 민간으로부터의 요망이 있어, 기상청도 그렇게 판단했기 때문에
4 벚꽃 관측에 비용이 들어, 이 사업을 유지하기가 어려워졌기 때문에

문제12 다음 글을 읽고 뒤의 물음에 대한 답으로 가장 알맞은 것을 1·2·3·4 중에서 하나 고르시오.

연휴는 독서를 하며 보낸다. 그런 사람도 많지 않을까? 화제의 책을 집어 든다. 연말 발표된 순위를 실마리로 미스테리를 즐긴다. 고전과 차분하게 서로 마주한다. 겨울의 이 시기도 책과 사귀기에 좋은 계절이다.
올해는 '국민 독서의 해'. 책을 읽는 것은 개인적인 행위이지만 아이도 어른도 손쉽게 책을 읽고 이야기를 즐기거나, 삶의 지혜나 필요한 정보를 얻기도 할 수 있는 환경을 마련하는 방법은 사회 전체에서 생각할 필요가 있다. 독서의 해가 그 계기가 되었으면 좋겠다.
누구나 책과 친해지기 위해서는 도서관이 잘 갖추어지는 것이 중요하다.
국내에는 3,100개가 넘는 도서관이 있다. 대부분이 도도부현이나 시정촌의 시설로, 요 10년간 1.2배로 늘었다. 그러나, 내실이 따라주고 있는지 살펴보면 일본 도서관 협회의 통계에는 걱정스러운 숫자가 늘어서 있다.
시설은 늘었는데도 책 등을 사는 자료비의 총액은 하강선을 그리고 있다. 1관 당 계산하면 천만 엔이 못 된다.

10년 전에 비해 4분의 3 이하가 되었다. 사서 등의 전문가는 어떠한가. 2000년에는 7,600명 이상이었던 전임직원이 천 명 이상이나 줄어들었다.
도서관 수도 아직 국제적으로 꽤 적은 수준이다. 인구당 도서관 수는 선진 7개국 중 최하위. 평균의 반도 못 미친다는 조사도 있다.
지방 재정이 어려운 가운데, 많은 자치체에서 도서관의 예산을 별안간 큰 폭으로 늘리는 것은 어려울 것이다. 그러나, 지역 사람들의 지혜를 모아서 보다 좋게 하는 궁리는 할 수 있지 않을까?
예를 들면, 이웃 자치체에서 네트워크를 만들어 복수의 도서관이 역할을 분담해 전문적인 책과 자료를 갖추어 서로 융통해서 이용자의 요구에 응한다는 방법도 생각할 수 있다. 현립 등 큰 도서관에 의한 소규모 도서관에의 적극적인 서포트 등도 추천하고 싶다.
특히, 어린이들이 책과 접하는 거점으로 삼고 싶다. 책 읽어 주기 등으로 독서의 즐거움을 전한다. 한편으로, 알고 싶은 것을 조사하기 위해 적절한 조언을 하고, 자료를 능숙하게 활용하는 힘을 배양한다. 학교 도서관과도 연계해, 어린이와 책의 연결을 두텁고 강하게 해야 한다.
이러한 태세를 만드는 데는 행정의 유연한 발상과 전문 지식을 가진 인재의 배치를 빠뜨릴 수 없다. 바꾸어 말하면, 그것만 실현하면 효율적으로, 귀중한 사회기반을 구축할 수 있다.
고금의 지혜를 체계적으로 쌓아 미래에 전한다. 풍부한 정신을 키우고 지성을 단련시킨다. 풍부하고 정확한 정보를 모아 제공하여 주민의 생활이나 일에 도움을 준다. 도서관은 다양한 기능을 가진 지혜주머니다. 행정 담당자, 도서관에서 일하는 사람들, 주민들이 협력하여 훌륭한 도서관을 키우면 그것은 지역사회의 우수한 핵이 될 것이다.

66 그 계기란 어떠한 계기인가?
1 화제의 책을 소개하는 데 적절한 계기
2 독서환경을 마련하는 방책을 사회 전체에서 생각하는 계기
3 아이도 어른도 손쉽게 책을 빌릴 수 있도록 하는 계기
4 책을 읽는 것은 개인적인 행위인 것을 재인식하는 계기

67 일본 도서관과 선진국 도서관의 차이는 무엇인가?

1 인구 당 도서관의 수
2 도서관에 근무하는 전문가의 수
3 인구 당 도서관의 장서 수
4 한 사람이 1년간 빌리는 책의 수

68 필자는, 일본 도서관의 현상은 어떠하다고 말하고 있는가?
1 일본 도서관의 수는 하강선을 그리고 있고, 장서 수도 늘지 않았다.
2 일본 도서관은 재정이 어려워 책을 사는 비용을 늘릴 수 없다.
3 일본 도서관은 학교 도서관과 의견을 교환해 어린이들을 대상으로 한 사업을 행하고 있다.
4 일본 도서관은 소규모 도서관이라도 넓은 네트워크가 있어, 상호 간에 지원을 하고 있다.

69 이 글에서 필자가 하고자 하는 말은 무엇인가?
1 일본은 자치체나 주민이 협력해 선진국 수준의 도서관으로서의 기능을 이미 충분히 다하고 있다.
2 국가와 자치체는 충분한 예산을 갖고 도서관의 장서나 서비스를 충실하게 하는 일이 중요하다.
3 어린이들이 적극적으로 도서관을 이용하도록 책 읽어 주기 등의 이벤트를 하고 있는 자치체가 많다.
4 행정, 도서관, 주민의 지혜를 모아 보다 나은 도서관이 생기면 귀중한 사회기반을 구축할 수 있다.

2 학생 지원
3 시험 감독
4 어학교실 보조

문제13 다음 표는 어느 대학이 모집한 아르바이트의 일람이다. 아래의 물음에 대한 답으로 가장 알맞은 것을 1·2·3·4 중에서 하나 고르시오.

70 중국 출신으로, 공학부 1학년의 남학생 오우 군이 할 수 있는 아르바이트는 몇 개 있는가? 단, 오우 군은 8월 10일부터 8월 25일까지 귀국 예정이다.
1 2개
2 3개
3 4개
4 5개

71 한국 출신의 여학생 민 씨는 교육학 전공인 대학원 2학년이다. 7일간 연속으로 일하고 고수입을 얻고 싶어한다. 어느 아르바이트를 하면 좋은가?
1 번역

★여름방학 대학 아르바이트 모집

	직명	기간·시간	급여	일의 내용	모집 인원
A	사무보조	8월 1일~9월 30일 (근무일, 시간대는 상담, 토일 제외) 9:00~17:00	시급 850엔	서류 정리, 데이터 입력 업무	5명 남녀 불문
B	연구실보조	8월 1일~8월 10일 8월 20일~9월 20일 10시~18시	일급 6,800엔	실험보조, 실험기구 세정, 연구실 청소	2명 공학부의 학부 2, 3학년에 재학 중인 자
C	학생지원	9월 21일~30일 (근무일은 상담, 토, 일 포함) 10:00~18:00	일급 7,000엔	일본에 막 온 단기 유학생의 생활 지도, 개별 과외지도 및 학내 안내	3명 유학생에 한함
D	도서정리	8월 1일~9월 30일 (근무일은 상담) 9:00~17:00	시급 850엔 일급 6,800엔	서가 정리, 컴퓨터 데이터와의 대조, 서가의 개편, 배치 바꾸기 등. 시간근무는 없음.	2명 학부 1, 2학년에 재학 중인 자
E	시험감독	제1회 8월 23일 제2회 9월 15일 9:00~18:00	일급 8,000엔	비서검정 시험장 시설 준비, 수험생 유도, 시험 감독, 시험지 배부 및 회수, 시험장 정리	4명 학부생은 제외 여학생에 한함
F	어학교실보조	① 8월 첫째 주 ② 8월 둘째 주 ③ 9월 첫째 주 ④ 9월 둘째 주 모두 월화수 3일간 9:00~12:00	3일간 15,000엔	일본인 전용 한국어 교실, 중국어 교실의 여름 집중코스 보조. ①~④ 중 2회 이상 가능할 것	각 2명 한국, 중국 출신자에 한함
G	매점재고조사	8월 21일, 22일 9:00~17:00	일급 8,000엔	구내매점의 재고조사 작업 보조, 이틀 연속 가능한 분	5명 남학생에 한함
H	번역	8월 1일~9월 30일	한 과제 당 10,000엔	영어, 아시아 여러 언어 번역. 성과제로 시간제약 없음. 최고 4과제까지.	약간명 석사 1, 2학년에 재학 중인 자

모의테스트 청해 스크립트 및 번역

問題 1　🔘 1-03

1番　　　　　　　　　　　　🔘 1-04

男の人が、取引先の女の人と話しています。二人は、次にいつ会いますか。

M：来週、なるべく早くお会いしたいんですが、月曜日の午後にお時間をいただけないでしょうか。
F：あ、申し訳ございません。午後はちょっと予定が入っておりますので……、午前中なら大丈夫なんですが、いかがでしょう。
M：そうですか。午前中は、資料がまだそろっていないと思うので、ちょっと難しいかと。
F：では、火曜か水曜はいかがですか。午後でしたら何時でも結構ですよ。
M：あー、すみません、どちらも先約がありまして。木曜の午前中はいかがでしょうか。
F：申し訳ございません。木曜日から土曜日まで、出張なんです。
M：そうですか。そうすると翌週になってしまいますね。んー、わかりました。何とか資料を間に合わせてみます。
F：恐れ入ります。それでは、なるべく遅い時間で、11時はいかがですか。
M：そうしていただけると助かります。よろしくお願いいたします。

二人は、次に いつ会いますか。

남자가 거래처 여자와 이야기하고 있습니다. 두 사람은 다음에 언제 만납니까?

M：다음주에 되도록 빨리 뵙고 싶습니다만, 월요일 오후에 시간 내주실 수 있을까요?
F：아, 죄송합니다. 오후에는 예정이 좀 있어서요. 오전 중이라면 괜찮습니다만, 어떠신지요?
M：그렇습니까? 오전 중에는 자료가 준비되지 않을 듯해 좀 어려울 것 같은데요.
F：그럼 화요일이나 수요일은 어떠십니까? 오후라면 몇 시라도 괜찮아요.
M：아, 죄송합니다. 모두 선약이 있어서요. 목요일 오전 중에는 어떠십니까?
F：죄송합니다. 목요일부터 토요일까지 출장입니다.
M：그렇습니까? 그렇다면 다음주가 되어버리네요. 음, 알겠습니다. 어떻게든 자료를 시간에 맞춰보겠습니다.
F：죄송합니다. 그럼 가능한 한 늦은 시간으로, 11시는 어떠십니까?
M：그렇게 해주시면 고맙겠습니다. 잘 부탁 드립니다.

두 사람은 다음에 언제 만납니까?

2番　　　　　　　　　　　　🔘 1-05

女の人と男の人が、リストを見ながら話しています。二人は、どのプランがいいと言っていますか。

F：ねえ、冬のスキー合宿どうする？ 旅行会社の人がリストを送ってくれたんだけど。
M：へえ、どれ？ 見せて。
F：これなんだけど……。
M：えー、どれも結構、高いなあ。
F：そうなのよ。思ったよりみんな高くて、3泊っていうのは無理かな、と思って。
M：そうだね。それに、安くても、食事が付いてないのは困るし。
F：うん。これなら安いし、食事も選べていいんだけど、でも1泊だとちょっとね。
M：そうだね。とすると、これが一番いいかな。

二人は、どのプランがいいと言っていますか。

여자와 남자가 리스트를 보며 이야기하고 있습니다. 두 사람은 어느 플랜이 좋다고 말하고 있습니까?

F : 저기, 겨울 스키 합숙 어떻게 할래? 여행사 사람이 리스트를 보내줬는데.
M : 어디? 보여줘.
F : 이건데 말이야.
M : 어느 것이나 꽤 비싸네.
F : 그러게, 생각했던 것보다 다 비싸서 3박은 무리인가 싶어서.
M : 그렇네. 게다가 싸다고 해도 식사가 포함되어 있지 않으면 곤란하고.
F : 응, 이거라면 싸고 식사도 선택할 수 있어 좋긴 한데 그래도 1박이라면 좀……
M : 그러게, 그렇다면 이게 제일 좋으려나?

두 사람은 어느 플랜이 좋다고 이야기하고 있습니까?

3番 　　　　　　　　　　　　🔘1-06

会社で女の人と男の人が話しています。女の人は、どの店を予約しますか。

F : 部長、今度の田中商事との契約ですが。
M : ああ、話が終わったら一緒に食事をするから、レストランの予約も頼むよ。
F : はい、東京ホテルの和食はどうかと思っているんですが、よろしいでしょうか。
M : 和食か。あちらの部長はずっと海外勤務だったし、向こうの食事も結構気に入ってたって聞いたよ。特にイタリア料理にはずいぶん詳しいらしい。
F : あ、そうだったんですか。でも、このへんには、あまりいいお店がなくて。
M : じゃあ、あのホテルの中華はどう？評判いいよ。
F : はい。ただ、最近、脂っぽいものを控えていらっしゃるというお話を伺ったもので。
M : そうなのか。じゃあ、やっぱり和食がいいかな。
F : あ、それか、バターをあまり使わないフランス料理の店もありますけど。
M : うん、でも、本場の味に慣れてる人には物足りないんじゃないかな。だから、さっき君が言ったところでいいよ。
F : わかりました。では、すぐに予約しておきます。

女の人は、どの店を予約しますか。

회사에서 여자와 남자가 이야기하고 있습니다. 여자는 어느 가게를 예약합니까?

F : 부장님, 이번 다나카 상사와의 계약 말입니다만…….
M : 아, 이야기가 끝나면 함께 식사할 테니 레스토랑 예약도 부탁하네.
F : 네, 도쿄호텔의 일식은 어떨까 합니다만, 괜찮을까요?
M : 일식이라. 저쪽의 부장님은 쭉 해외근무를 했었고, 그곳의 식사도 꽤 마음에 들었었다고 들었네. 특히 이탈리아 요리에는 꽤나 밝은(정통한) 모양이야.
F : 아, 그랬습니까? 하지만 이 근처에는 괜찮은 가게가 별로 없어서요.
M : 그럼 그 호텔의 중화요리는 어떤가? 평판이 좋아.
F : 네, 단지 요즘 기름기가 많은 음식을 자제하고 계신다는 이야기를 들어서요.
M : 그래? 그럼 역시 일식이 좋으려나?
F : 아, 아니면, 버터를 그다지 쓰지 않는 프랑스 요리점도 있습니다만.
M : 응, 그래도 본고장의 맛에 익숙한 사람에게는 뭔가 부족하지 않겠어? 그러니, 아까 자네가 말한 곳으로 하지.
F : 알겠습니다. 그럼 바로 예약해 두겠습니다.

여자는 어느 가게를 예약합니까?

4番 　　　　　　　　　　　　🔘1-07

大学で、女の人と男の人がメモを見ながら話しています。パーティーの日に何を買いに行きますか。

F : ねえ、これ、パーティーに準備しといてって、先輩から渡されたんだけど。
M : へえ、こんなにあるのか。大変だな。

F：うん、でもピザは宅配でいいと思うんだ。
M：そうだな。じゃあ、これはその日に電話で注文すればいいね。飲み物は――、わあ、これは重いよ。
F：商店街の酒屋さんなら、サービスで配達してくれるよ。
M：じゃあ、それは俺が頼んどくよ。あと、紙皿なんかは買いに行くしかないか。
F：あ、紙コップは、先月の歓迎会の残りがたくさんあるから買わなくてもいいって、先輩が言ってた。
M：じゃあ、あとは当日、みんなで駅前のスーパーに行けば大丈夫だね。

パーティーの日に、何を買いに行きますか。

대학에서 여자와 남자가 메모를 보며 이야기하고 있습니다. 파티날 무엇을 사러 갑니까?

F：저기, 이거 파티에 준비해 두라고 선배가 줬는데.
M：이렇게나 많아? 큰일이네.
F：응, 그래도 피자는 배달하면 될 것 같아.
M：그렇네, 그럼 이건 그날 전화로 주문하면 되겠네. 마실 것은~, 와, 이건 무거워.
F：상점가에 있는 술가게라면 서비스로 배달해줘.
M：그럼 그건 내가 부탁해둘게. 나머지 종이 접시 등은 사러 가는 수밖에 없나?
F：아, 종이컵은 지난달 환영회에서 남은 것이 많이 있으니까 사지 않아도 된다고 선배가 말했어.
M：그럼 나머지는 당일 다같이 역 앞 슈퍼에 가면 되겠네.

파티날 무엇을 사러 갑니까?

5番 1-08

男の人と女の人が、大学の事務室で話しています。男の人は、何を提出しますか。

M：あのう、すみません。学生証をなくしてしまったんですが……。
F：ああ、学生証ですね。どこでなくしたか、わかりますか。
M：いえ、いろいろ探したんですけど、どうしても見つからないんです。
F：そうですか。じゃあ、再発行の手続きが必要ですから、この再発行願いに必要事項を書き入れて、写真2枚と一緒に、ここに提出してください。
M：はい。写真は持ってきてます。前の学生証を作ったときのが残ってるので。
F：あ、それだと撮ったのは去年の4月ですよね。写真は3か月以内のものって決まってるので、撮り直してきてもらえますか。
M：あ、そうなんですか。わかりました。
F：それから、学生証の紛失届も出しておいてくださいね。そうすれば、見つかったときに、すぐお知らせできますから。あと、住所や電話番号の変更はないですか。あったら、住所変更届も出しといてくださいね。
M：あ、それは変わりないです。じゃ、ありがとうございました。

男の人は、何を提出しますか。

남자와 여자가 대학 사무실에서 이야기하고 있습니다. 남자는 무엇을 제출합니까?

M：저, 실례합니다. 학생증을 잃어버렸는데요.
F：아, 학생증말이군요. 어디에서 잃어버렸는지 알겠습니까?
M：아니요. 여기저기 찾았습니다만, 아무리 해도 찾지 못했어요.
F：그렇습니까? 그럼 재발행 절차가 필요하니, 이 재발행 신청서에 필요한 사항을 써 넣어서 사진 2장과 함께 여기로 제출해 주세요.
M：네, 사진은 갖고 왔습니다. 전에 학생증을 만들었을 때 남은 것이 있어서요.
F：아, 그거라면 찍은 게 작년 4월이네요. 사진은 3개월 이내의 것으로 정해져 있으니 다시 찍어 오시겠어요?
M：아, 그렇습니까? 알겠습니다.
F：그리고 학생증 분실신고서도 제출해 두세요. 그렇게 하면 찾았을 때 바로 알려드릴 수 있으니까요. 그리고, 주소나 전화번호의 변경은 없습니까? 있으면 주소변경 신고서

도 제출해 두세요.
M : 아, 그건 변하지 않습니다. 그럼, 감사했습니다.

남자는 무엇을 제출합니까?

6番 ◎ 1-09

婦人服売り場で、店の人が話しています。今度の売り場には、何をディスプレーしますか。

F : 主任、売り場のディスプレー、どうします？ そろそろ夏物に変えないと。
M : うん、最近売り上げが落ちてるから、ちょっと雰囲気を変えたいんだけど……、なんかアイデアない？
F : じゃあ、思い切って流行を取り入れてみたらどうですか。若い人に流行ってるようなのとか。
M : うーん、ただ、うちのお客さまは、主婦層が中心だからね。
F : 主婦だって、流行を取り入れたおしゃれがしたいと思いますよ。
M : 確かにそうだけどね。まあ、最近ちょっと新鮮味が足りなかったからなあ。思い切ってやってみるか。
F : そうですよ。夏らしく、若々しく、パーっと変えましょうよ。
M : パーっとって。いやでも、あくまでもターゲットは主婦だからね。まずはジャケットやシャツを流行ってるものにしてみて、パンツやスカートはこれまで通りということで。

今度の売り場には、何をディスプレーしますか。

부인복 매장에서 가게 점원이 이야기하고 있습니다. 이후 매장에서는 무엇을 디스플레이 합니까?

F : 주임님, 매장 디스플레이 어떻게 할까요? 슬슬 여름옷으로 바꿔야 해요.
M : 음, 최근 매상이 떨어지고 있으니까 조금 분위기를 바꾸고 싶은데…… 무슨 아이디어 없어?
F : 그럼 과감히 유행을 도입해 보는 건 어떻습니까? 젊은이들 사이에 유행하고 있는 옷이라든가.
M : 음. 그런데 우리 매장 손님은 주부층이 중심이라서 말이지.
F : 주부들도 유행을 따라 멋을 부리고 싶을 거예요.
M : 그건 맞는 말이지만. 뭐 최근 좀 신선미가 부족하니, 과감하게 해볼까?
F : 그래요. 여름답게, 젊게 확 바꾸자고요.
M : 확이라니. 아니 그래도 어디까지나 타깃은 주부니까 일단은 재킷이나 셔츠를 유행하는 걸로 바꿔 보고, 바지나 스커트는 그대로 가는 걸로 하자고.

이후 매장에는 무엇을 디스플레이 합니까?

問題 2 ◎ 1-10

1番 ◎ 1-11

大学で、男の人と女の人が話しています。女の人は、なぜ引っ越したと言っていますか。

M : 阿部さん、久しぶり。
F : ああ、北村くん。
M : 元気？ 最近、サークル来ないから、どうしたかと思ってた。
F : ごめん。先週、引っ越したから、ちょっと忙しくて休んでたんだ。
M : へえ、引っ越したんだ。でも、今ごろ何で？ やっぱり遠かったから？
F : うん、確かに遠かったんだけど、それは別に気にしてなかったんだ。家賃も安かったしね。だけど、今度うちのマンションの前におっきいマンションができることになってね——
M : ああ、それでか。うるさいもんね。
F : いや、まだ続きがあるの。それでその工事に反対する人たちがいて、うちのマンションにも、ポストに毎日、建設反対のチラシが入ってたり、署名してくださいって訪ねて来たりして、住民同士でち

よっとトラブルが起こってね。そういうのが面倒になったから、思い切って引っ越しちゃった。
M：そうだったのか。大変だったね。

女の人は、なぜ引っ越したと言っていますか。

대학에서 남자와 여자가 이야기하고 있습니다. 여자는 왜 이사했다고 말하고 있습니까?

M : 아베 씨, 오랜만이야.
F : 아, 기타무라.
M : 잘 지내? 최근 서클에 오지 않아서 어떻게 된 걸까 하고 있었어.
F : 미안. 지난 주 이사해서 조금 바빠 쉬었어.
M : 어머, 이사했어? 그런데 이제 와서 왜? 역시 멀어서?
F : 응, 멀긴 멀었지만 그건 별로 신경 쓰지 않았어. 집세도 쌌고 말이야. 그런데 이번에 우리 맨션 앞에 큰 맨션이 생기게 됐거든.
M : 아, 그래서야? 시끄럽지.
F : 아니, 아직 뒷이야기가 있어. 그래서 그 공사에 반대하는 사람들이 있어서, 우리 맨션에도 우편함에 매일 건설반대 전단지가 들어있거나, 서명해 달라고 찾아오거나 해서 주민들끼리 좀 트러블이 생겼어. 그런 게 성가셔서 큰맘 먹고 이사해버렸어.
M : 그랬구나, 고생했네.

여자는 왜 이사했다고 말하고 있습니까?

2番 　　　　　　　　　　　　　　　1-12

息子と母親が話しています。母親は息子に、何がいけないと言っていますか。

M：バイトの面接行ってくる。
F：ちょっと！ そんな格好で行くの？
M：何、なんかだめ？
F：なんかじゃないでしょ。それじゃあ、まるで遊びに行く格好じゃない。
M：そんなことないよ。ちゃんと、ジャケット着てるし。
F：ジャケット着てたって、その頭は何。ちゃんととかしなさい。そんなボサボサじゃ、うっとうしいわよ。それにシャツだって、その色は派手すぎるんじゃない？ ボタンもちゃんと上まで留めて。面接なのに不真面目でしょ。
M：大丈夫だよ。俺、白いシャツよりピンクのほうが似合うし、ネクタイしてるわけじゃないから、ボタンだってこれで普通だよ。カフェのバイトなんだから、そんなに堅苦しくしなくてもいいんだって。
F：カフェならもっときれいにしなさい。洋服は許せても、それはマナー違反よ。

母親は息子に、何がいけないと言っていますか。

아들과 어머니가 이야기하고 있습니다. 어머니는 아들에게 무엇이 안 된다고 말하고 있습니까?

M : 아르바이트 면접 갔다 올게요.
F : 잠깐! 그런 차림으로 가는 거니?
M : 왜요, 뭐 잘못됐어요?
F : 뭐라니! 그 차림은 마치 놀러 가는 차림 같잖아.
M : 그렇지 않아요. 재킷도 제대로 입었고.
F : 재킷 입었다고 해도 그 머리는 뭐니? 제대로 빗어. 그런 부스스한 머리는 지저분해 보여. 거기에 셔츠도 그 색은 너무 화려하지 않아? 단추도 제대로 위까지 채우고. 면접인데 불성실해 보이잖아.
M : 괜찮아요. 나는 흰 셔츠보다 핑크가 어울리고 넥타이하고 있는 것도 아니니까 단추 역시 이게 평범한 거예요. 카페 아르바이트라서 그렇게 딱딱하게 하지 않아도 괜찮다니까요.
F : 카페라면 더 깔끔하게 해. 양복까지는 바라지 않아도 그건 매너 위반이야.

어머니는 아들에게 무엇이 안 된다고 말하고 있습니까?

3番 　　　　　　　　　　　　　　　1-13

市役所の案内窓口で話しています。女の人は、今日、何の手続きをしますか。

F：あのう、すみません。今度、東京から引っ越してきたんですが、手続きはどうすればいいんでしょうか。
M：転入ですね。では、転入届に必要事項を記入して、前に住んでいたところでもらった証明書と一緒に、3番の窓口に提出してください。
F：わかりました。あ、それから、子供の小学校の転校手続きなんですが……。
M：はい、それでしたら、転校のための書類を発行しますので、前の学校の在学証明書も、転入届と一緒に出してください。
F：あ、それは、今日はちょっと持ってないんです。転入手続きと転校の手続きは、一緒にしないとだめですか。
M：いえ、別々でも大丈夫ですよ。ただ、転入手続きは引っ越してきてから14日以内ですから、なるべく早くお願いします。
F：はい。じゃあ、あした、また来て、まとめて手続きします。
M：はい。ほかにわからないことがあったら、何でも聞いてください。

女の人は、今日、何の手続きをしますか。

시청의 안내창구에서 이야기하고 있습니다. 여자는 오늘 무슨 수속을 합니까?

F : 저, 실례합니다. 이번에 도쿄에서 이사왔습니다만, 수속은 어떻게 하면 될까요?
M : 전입이군요. 그럼, 전입신고서에 필요한 사항을 기입해서 전에 살던 곳에서 받은 증명서와 함께 3번 창구에 제출해 주십시오.
F : 알겠습니다. 아, 그리고 아이의 초등학교 전입 수속 말입니다만……
M : 아, 그거라면 전학을 위한 서류를 발행하므로, 이전 학교의 재학증명서도 전입신고서와 함께 제출해 주십시오.
F : 아, 그것은 오늘 갖고 오지 않았어요. 전입신고와 전학 수속은 같이 하지 않으면 안 됩니까?
M : 아니요, 따로 따로 해도 괜찮아요. 단지 전입수속은 이사오고 나서 14일 이내이므로 가능한 한 빨리 부탁드립니다.
F : 네, 그럼 내일 다시 와서 한꺼번에 수속하겠습니다.
M : 네, 그 외에 모르는 것이 있으시면 무엇이든 물어보세요.

여자는 오늘 무슨 수속을 합니까?

4番　1-14

大学の先生が話しています。先生が大切だと考えていることは何ですか。

M：私たちよりも、はるかに大きくて、繁栄していた恐竜が絶滅してしまったのはなぜか。その理由の一つとして、巨大な隕石が地球上に落下したから、という説があります。隕石の落下によって、土やちり、ほこりなどが大きく舞いあがり、太陽の熱や光をさえぎりました。そのため、植物が育たなくなり、まず、草食動物が滅び、そして次に、肉食動物が滅びた、というのです。
　このように、環境の変化は、生物に大きな影響を与えます。現在、地球温暖化が問題になっていますが、このままでは人類も、恐竜と同じ道をたどってしまうかもしれません。手遅れになる前に、一人ひとりが危機感を持つこと。私は、それが重要だと考えています。
　こうした危機感に対して、「人間は恐竜とは違って考える力や科学技術を持っているから大丈夫だ」と言う人もいます。しかし、いくらそういうものがあっても、一度大きく変わってしまったものを元に戻すのは、とても難しいことなのです。

先生が大切だと考えていることは何ですか。

대학교수가 이야기하고 있습니다. 교수가 중요하게 생각하고 있는 것은 무엇입니까?

M : 우리보다도, 훨씬 크고 번성해 있던 공룡이

멸종되어버린 것은 왜일까? 그 이유의 하나로서, 거대한 운석이 지구상에 낙하했기 때문이라는 설이 있습니다. 운석의 낙하에 의해 흙과 티끌, 먼지 등이 크게 일어나 태양의 열과 빛을 가로막았습니다. 그로 인해 식물이 자라지 않게 되어, 먼저 초식동물이 멸망하고 그리고 다음으로 육식동물이 멸망했다는 것입니다.

이렇듯 환경의 변화는 생물에게 커다란 영향을 줍니다. 현재 지구온난화가 문제되고 있습니다만, 이대로라면 인류도 공룡과 같은 길을 밟을지도 모릅니다. 때가 늦기 전에 한 사람 한 사람이 위기감을 갖는 것. 저는 그것이 중요하다고 생각합니다.

이런 위기감에 대해 '인간은 공룡과는 달리 생각하는 힘과 과학기술을 갖고 있어서 괜찮다'고 하는 사람도 있습니다. 그러나 아무리 그러한 것이 있어도 한번 크게 변해버린 것을 원래대로 되돌리는 것은 너무나 어려운 일인 것입니다.

교수가 중요하게 생각하고 있는 것은 무엇입니까?

5番 　　　　　　　　　　1-15

電話で宅配便の再配達を頼んでいます。荷物はいつ届けてもらうことにしましたか。

F：はい、シロネコ運輸サービスセンターでございます。
M：あ、すみません、不在連絡票が入ってたんですが。
F：はい、お荷物の再配達ですね。不在票に書かれた伝票番号をおっしゃっていただけますか。
M：ええと、0123 - 3456 - 6789です。
F：はい、ではお客様のお電話番号を、市外局番からお願いします。
M：03 - 9876 - 5432です。
F：はい、港区芝浦の鈴木様ですね。
M：はい。ええと、すみません、今日、これからお願いできますか。
F：申し訳ございません、本日の配達はもう終わっておりまして、時間指定をしていただけるのは、明日の午後以降となりますが。
M：あ、そうですか。朝ならいるんだけど……。じゃあ、あさっての遅い時間にお願いします。
F：はい、かしこまりました。時間帯は、18時から20時の間と、20時以降がございますが。
M：あんまり遅くなるのも困るから、早いほうで。
F：はい、承知いたしました。それでは確認させていただきます――

荷物はいつ届けてもらうことにしましたか。

전화로 택배의 재배송을 부탁하고 있습니다. 짐은 언제 배달받기로 했습니까?

F : 네, 시로네코 운수 서비스 센터입니다.
M : 아, 실례합니다. 부재 연락표가 들어있어서 그런데요.
F : 네, 짐의 재배송 말씀이시군요. 부재표에 쓰여 있는 전표번호를 말씀해 주시겠습니까?
M : 네, 0123-3456-6789입니다.
F : 네, 그럼 고객님의 전화번호를 시외국번부터 불러주십시오.
M : 03-9876-5432입니다.
F : 네, 미나토구 시바우라의 스즈키 님이시군요.
M : 네, 저기 죄송한데, 오늘 지금 부탁드릴 수 있을까요?
F : 죄송합니다. 오늘의 배달은 벌써 끝나서 시간 지정을 해 주실 수 있는 것은 내일 오후 이후입니다만.
M : 아, 그렇습니까? 아침이라면 집에 있는데…… 그럼 모레 늦은 시간으로 부탁드립니다.
F : 네, 알겠습니다. 시간대는 18시부터 20시 사이와 20시 이후가 있습니다만.
M : 너무 늦어지는 것도 곤란하니 빠른 쪽으로 부탁드립니다.
F : 네, 잘 알겠습니다. 그럼 확인하겠습니다.

짐은 언제 배달받기로 했습니까?

6番　🔊 1-16

新入社員の採用について話しています。どの人を採用することにしましたか。

M：部長、今回、面接した4人ですけど、どういった基準で選びましょうか。
F：そうね。海外勤務もあるから、語学力があって転勤してもいいっていう人が優先ね。
M：そうすると、佐藤さんは帰国子女でドイツ語がネイティブ並み、石川さんは、英語が堪能とまでは言えませんが、旅行経験が豊富で海外駐在を強く希望してるって言ってましたね。
F：山下さんはまだ海外に行ったことがないけど、英語と中国語が得意。
M：川上さんだけは、国内希望でしたね。
F：いえ、佐藤さんも、たしか国内のほうがいいって言ってたわよ。
M：そうか。そうなると、語学力があるか、外国に慣れてるかどうか、ですね。
F：そうねえ。私の経験から言うと、やっぱり海外で働きたいと思ってる人のほうが、うまくいくことが多いから。
M：じゃあ、決まりですね。

どの人を採用することにしましたか。

신입사원 채용에 대해 이야기하고 있습니다. 어느 사람을 채용하기로 했습니까?

M：부장님 이번에 면접 본 4명 말인데요, 어떤 기준으로 뽑을까요?
F：글쎄. 해외근무도 있으니까 어학 실력이 있고 전근해도 괜찮다는 사람이 우선이지.
M：그렇다면 사토 씨는 외국에서 자랐기 때문에 독일어가 원어민 버금가고, 이시카와 씨는 영어가 아주 능통하다고까지는 할 수 없습니다만 여행경험이 풍부하고 해외주재를 강하게 희망하고 있다고 했었어요.
F：야마시타 씨는 아직 해외에 간 적이 없지만 영어와 중국어에 자신 있고.
M：가와카미 씨만은 국내희망이었군요.
F：아니, 사토 씨도 분명 국내 쪽이 좋다고 말했어.
M：그래요? 그렇게 되면 어학 실력이 있는지, 외국에 익숙해 있는지가 관건이네요.
F：그렇네, 내 경험으로 말하자면 역시 해외에서 일하고 싶어하는 사람 쪽이 잘 되는 경우가 많더라고.
M：그럼, 결정됐네요.

어느 사람을 채용하기로 했습니까?

7番　🔊 1-17

社員研修で、講師が話しています。いいプレゼンテーションをするために大事なことは、何だと言っていますか。

M：プレゼンテーションは、社会人として身に付けておくべき技術の一つです。「よいプレゼンをするためには、どうすればよいか」というような本もたくさん出版されていますね。そこには、資料の作り方、グラフの書き方、話し方など、いろいろな方法が書かれています。
　そのような一つ一つの技術はたしかに必要ですが、それよりも私は、いいプレゼンをするには、「どうすれば、聞く人に興味を持ってもらえるか、理解してもらえるか」という意識を持つことのほうが大切だと思うのです。
　例えば、相手に興味を持ってもらおうと思えば、目をひくような写真や図表を準備して、目立たせたいところに色を使ったりするでしょう。また、後ろの席からでは読めないような小さな字で書かないように注意するでしょうし、準備した原稿をずっと下を向いて読むようなこともしないでしょう。
　技術ばかりを身に付けるのではなく、聞く人にわかってもらおうと思う気持ちを忘れないこと。それは、決して難しいことではないはずです。

いいプレゼンテーションをするために大事なことは、何だと言っていますか。

사원 연수에서 강사가 이야기하고 있습니다. 좋은 프레젠테이션을 하기 위해 중요한 것은 무엇이라고 말하고 있습니까?

M : 프레젠테이션은, 사회인으로서 익혀두어야 하는 기술 중 하나입니다. 〈좋은 프레젠테이션을 하기 위해서는 어떻게 하면 좋은가〉라는 책도 많이 출판되어 있지요. 거기에는 자료 만드는 법, 그래프 그리는 법, 말하는 방법 등 여러 가지 방법이 쓰여져 있습니다.

그러한 하나하나의 기술은 분명 필요합니다만, 그것보다도 저는 좋은 프레젠테이션을 하기 위해서는 '어떻게 하면 듣는 사람에게 흥미를 갖게 할 수 있는가, 이해시킬 수 있는가'라는 의식을 갖는 편이 중요하다고 생각합니다.

예를 들면, 상대방에게 흥미를 갖게 하고 싶으면 눈길을 끌만한 사진이나 도표를 준비해서 눈에 띄게 하고 싶은 곳에 색을 사용하거나 하는 것이지요. 또한, 뒷좌석에서는 읽을 수 없는 작은 글자로 쓰지 않도록 주의해야 하겠고, 준비한 원고를 계속 아래만 보고 읽는 일도 하지 않아야겠지요.

기술만을 익히는 것이 아니라, 듣는 사람을 이해시키려는 마음을 잃지 않는 것. 그것은 결코 어려운 일이 아닐 것입니다.

좋은 프레젠테이션을 하기 위해 중요한 것은 무엇이라고 말하고 있습니까?

問題 3 1-18
1番 1-19

女の人が、講演会で話しています。

F : がっかりしたとき、自然とため息が出てしまうことがありますね。ため息というと、普通はマイナスの気分を連想させます。しかし、このため息には、大きくなればなるほど、ストレスを発散させるという、いい面もあるのです。

人間は、ストレスを抱えているときは、無意識に呼吸が浅くなっているものです。そんなときに、大きく息を吸い込んで、大きく吐き出すと、脳と体に新たな酸素が行きわたり、リラックスした状態になります。つまり、深呼吸ですね。ため息も、息を吸って吐く動きですから、これとまったく同じ状態を作り出してくれるのです。

ため息をつきたくなったら、しっかりとお腹が膨らむように息を吸い、お腹がペチャンコにへこむくらい息を吐いてみましょう。そうすることで、リラックス効果がアップします。新しい空気を思い切り吸い込んで、汚れた古い空気とともにマイナス気分を思い切り吐き出すようにイメージするといいですよ。

何について話していますか。
1 ストレスの問題点
2 ストレスのいい点
3 ため息の問題点
4 ため息のいい点

여자가 강연회에서 이야기하고 있습니다.

F : 실망했을 때 자연히 한숨이 나와버리는 경우가 있지요? 한숨이라 하면 보통은 마이너스 기분을 연상시킵니다. 그러나, 그 한숨에는 크게 쉬면 쉴수록 스트레스를 발산시킨다는 좋은 면도 있습니다.

인간은 스트레스를 안고 있을 때는 무의식적으로 호흡이 얕아져 있습니다. 그런 때에 크게 숨을 들이마시고 크게 내쉬면 뇌와 몸에 새로운 산소가 고루 퍼져 릴랙스한 상태가 됩니다. 즉, 심호흡이지요. 한숨도 숨을 들이쉬고 내쉬는 동작이므로 이것과 완전히 같은 상태를 만들어 내는 것입니다.

한숨을 쉬고 싶어지면 배가 확실히 부풀어 오르게 숨을 들이쉬고, 배가 납작하게 꺼질 정도로 숨을 내쉬어 봅시다. 그렇게 함으로써 릴랙스 효과가 높아집니다. 새로운 공기를 마음껏 들이쉬고 더러워진 오래된 공기와 함께 마이너스 기분을 마음껏 뱉어내는 것처럼 상상하면 좋습니다.

무엇에 대해 이야기하고 있습니까?
1 스트레스의 문제점
2 스트레스의 좋은 점
3 한숨의 문제점

4 한숨의 좋은 점

2番 1-20

男の人と女の人が話しています。

M：先輩。
F：ああ、西山君、久しぶり。
M：お久しぶりです。仕事、どうですか。
F：うん、忙しい。やっぱり社会人は大変だわ。西山君ももうすぐ3年だから、そろそろ就職活動でしょ。
M：そうなんっすよ。後期は就活で大変になりそうだから、前期に何の授業取ろうか、今、迷ってるところです。
F：うん、前期のうちに必修の単位は全部取っとかないとね。
M：えー、全部ですか。きついな。まだ結構、残ってるんですよね。
F：選択科目は1つ2つ残してても4年で何とかなるけど、必修科目は、3年の前期で取っといたほうがいいわよ。4年になったら、卒論もあるんだし。
M：そうですかー。僕、必修は、演習も講義も残ってるんですよ。
F：演習なんか、就活しながらじゃ絶対無理。1回でも休んだら落とされちゃうんだから。
M：えー、厳しいなあ。
F：何、言ってんの。さっさと取れるだけ取っとけばよかったのに。

女の人はどう思っていますか。
1 必修科目は4年生に残しておいたほうがいい。
2 選択科目は取れるだけ取ったほうがいい。
3 必修科目は早く取っておいたほうがいい。
4 選択科目は4年生で取ったほうがいい。

남자와 여자가 이야기하고 있습니다.

M : 선배.
F : 아, 니시야마. 오랜만이야.
M : 오랜만이에요. 일은 어때요?
F : 응. 바빠. 역시 사회인은 힘들어. 니시야마도 곧 3학년이니 슬슬 취업활동 해야지?
M : 그래요. 후기는 취업활동으로 바쁠 것 같아서 전기에 무슨 수업을 들을지 지금 고민하는 중이에요.
F : 응, 전기에 필수 학점을 전부 따놓아야 해.
M : 에~ 전부요? 힘들겠는 걸. 아직 꽤 남아있거든요.
F : 선택 과목은 한 두 개 남겨도 4학년 때 어떻게든 되지만, 필수 과목은 3학년 전기에 따 두는 편이 좋아. 4학년이 되면 졸업 논문도 있고.
M : 그래요? 저 필수 과목은 세미나도 강의도 남아 있어요.
F : 세미나 같은 것은 취업활동하면서는 절대로 무리야. 한 번이라도 빠지면 낙제되니까.
M : 에~, 엄격하네.
F : 무슨 소릴 하는 거야? 빨리빨리 딸 수 있는 만큼 따 두었으면 좋았을 텐데.

여자는 어떻게 생각하고 있습니까?
1 필수 과목은 4학년 때 남겨두는 편이 좋다.
2 선택 과목은 딸 수 있는 만큼 따 두는 편이 좋다.
3 필수 과목은 빨리 따 두는 편이 좋다.
4 선택 과목은 4학년 때 따는 편이 좋다.

3番 1-21

テレビの園芸番組で、講師が話しています。

M：よく、バラは「すぐに虫がついたり、病気になったりする」などと言われます。でも、バラは、決して弱い植物ではありません。育て方にはいくつかのコツがあるので、その点に注意すれば、どなたにでも育てられます。
　まず、大切なのは、植える場所を選ぶことです。最低でも1日のうちに、3、4時間、日が当たる場所に植えてください。そうすれば、丈夫に成長します。また、病気や害虫の発生を防ぐためには、風通しも必要です。不要な枝は切り落としましょう。
　それから、肥料も必要なのですが、それ以上に重要なのが、土選びです。水

はけがよくて、栄養を蓄えておける土を選んでください。そうすれば、初めての方でも十分、美しい花を咲かせることができますよ。

何について説明していますか。
1 バラを育てるときのコツ
2 きれいなバラを咲かせる肥料
3 バラの害虫や病気の種類
4 日当たりと風通しの関係

텔레비전 원예프로그램에서 강사가 이야기하고 있습니다.

M : 장미는 '금방 벌레가 생기거나, 병에 걸리거나 한다'라고 자주 이야기합니다. 그래도 장미는 결코 약한 식물이 아닙니다. 키우는 법에는 몇 가지의 요령이 있으므로 그 점에 주의하면 어느 분이라도 키우실 수 있습니다.
먼저, 중요한 것은 심는 장소를 고르는 것입니다. 적어도 하루에 3, 4시간 햇빛이 드는 장소에 심어주십시오. 그렇게 하면 건강하게 성장합니다. 또, 병이나 해충의 발생을 막기 위해서는 통풍도 필요합니다. 불필요한 가지는 잘라버립시다.
그리고 비료도 필요합니다만, 그 이상으로 중요한 것이 흙 고르기입니다. 배수가 잘 되고 영양을 비축해 둘 수 있는 흙을 골라주십시오. 그렇게 하면 처음 기르시는 분이라도 충분히 아름다운 꽃을 피우실 수 있습니다.

무엇에 대해 설명하고 있습니까?
1 장미를 키울 때의 요령
2 아름다운 장미를 꽃피우는 비료
3 장미의 해충이나 질병의 종류
4 볕이 드는 것과 통풍의 관계

4番 　　　　　　 1-22

夫婦が話しています。

M : 夏休み、どうする？
F : そうだな、どっか涼しいところでのんびりしたいな。高原のホテルで好きな本でも読んで、ゆっくりしない？
M : でも、せっかく1週間も休めるんだよ。もっと何かできるところに行こうよ。テニスとかゴルフとかさあ。
F : スポーツ？　あ、何かしたいなら、体験型リゾートなんてどう？　陶芸とかガラス細工とか、いろいろ作れるところも多いよ。
M : えー、そういうのは苦手なんだよな。どうせ体験するなら、無人島でサバイバル！　なんてほうがいい。楽しいよ、きっと。
F : やだ、そんなの！
M : んー、じゃあ高原でいいよ。ただし体が動かせるところにするから、ちょっとは付き合ってよ。
F : わかった。じゃあ、よさそうなところを探してみてよ。

男の人は、どうしたいと思っていますか。
1 のんびり、本を読みたい。
2 たくさんの人と付き合いたい。
3 スポーツで体を動かしたい。
4 無人島で何か作品を作りたい。

부부가 이야기하고 있습니다.

M : 여름 휴가 어떻게 할까?
F : 글쎄. 어딘가 시원한 곳에서 한가롭게 지내고 싶어. 고원의 호텔에서 좋아하는 책이라도 읽으며 푹 쉬지 않을래?
M : 그래도 모처럼 1주일이나 쉴 수 있는 거잖아. 더욱 뭔가 할 수 있는 곳으로 가자. 테니스라든가 골프라든가 말이야.
F : 스포츠? 아, 뭔가 하고 싶으면 체험형 리조트 같은 곳은 어때? 도예라든가 유리 세공이라든가 여러 가지 만들 수 있는 곳도 많아.
M : 에~ 그런 건 질색이야. 어차피 체험하는 거라면 무인도에서 하는 서바이벌 같은 게 좋아. 재미있을 거야, 분명.
F : 싫어, 그런 거.
M : 음~ 그럼 고원으로 가자. 단, 몸을 움직일 수 있는 곳으로 할 거니까, 조금은 같이 해야 해.
F : 알았어. 그럼 괜찮을 것 같은 곳을 찾아봐.

남자는 어떻게 하고 싶어합니까?
1 한가롭게 책을 읽고 싶다.
2 많은 사람과 사귀고 싶다.
3 스포츠로 몸을 움직이고 싶다.
4 무인도에서 뭔가 작품을 만들고 싶다.

5番 　　　　　　　　　　　1-23

ビジネスマンが話しています。

M：ビジネスでは手帳が必需品ですが、手帳の使い方は、結構難しいものです。予定の変更で何度も書き直しているうちにごちゃごちゃになってしまうということ、よくありますよね。
　あるとき友人の手帳を見せてもらったら、きれいなんですね。聞いてみると、はっきりしない予定は、まず付せんに書いてその日のところに張っておき、予定が変わったら、それを移動させるというんです。そうすると、消したり書き直したりしないですむんですね。いいやり方だと思いました。
　私の場合は、赤、青、緑など、いろいろな色のボールペンを活用しています。仕事の予定は青、プライベートは緑、締め切りなど重要なものは赤、と色分けして書くんです。そうすると、予定の中で何を優先すべきかが自分ではっきりわかるようになります。赤で記入された予定の前はなるべくスケジュールを空けておく、など計画も立てやすくなります。

何について話していますか。
1 仕事とプライベートを区別する方法
2 手帳のじょうずな使い方
3 ビジネスマンの予定の立て方
4 付せんやボールペンの使い方

비즈니스맨이 이야기하고 있습니다.

M：비즈니스에서는 수첩이 필수품입니다만, 수첩의 사용법은 꽤 어려운 것입니다. 예정의 변경으로 몇 번이나 고쳐 쓰는 동안에 어수선해져버리는 일이 자주 있지요?
　어느 날 친구가 수첩을 보여주었는데 깨끗했어요. 물어보니, 확실하지 않은 예정은 먼저 포스트잇에 써서 그날의 페이지에 붙여놓고, 예정이 바뀌면 그것을 이동시킨다고 했습니다. 그렇게 하면 지우거나 고쳐 쓰지 않아도 되지요. 좋은 방법이라고 생각했습니다.
　저의 경우는 빨강, 파랑, 초록 등 여러 가지 색의 볼펜을 활용하고 있습니다. 일의 예정은 파랑, 사생활은 초록, 마감 등 중요한 것은 빨강으로 색을 구별해 씁니다. 그렇게 하면, 예정 중에서 무엇을 우선해야 하는지를 스스로 확실히 알게 됩니다. 빨강으로 기입된 예정의 앞에는 가능하면 스케줄을 비워두는 등 계획도 세우기 쉬워집니다.

무엇에 대해 이야기하고 있습니까?
1 일과 사생활을 구별하는 방법
2 수첩의 능숙한 사용법
3 비즈니스맨의 예정을 세우는 법
4 포스트잇이나 볼펜의 사용법

6番 　　　　　　　　　　　1-24

ニュースキャスターが話しています。

F：日本ではこれまで、正社員の労働時間は9時から5時まで、1日8時間というのがほとんどでした。この時間を変えようというのが「ワークシェアリング」。その名の通り、仕事をシェアする、分ける、ということです。日本では現在、雇用対策の一つとして、このワークシェアリングに期待が寄せられています。
　人件費カットのため、企業はリストラによる人員削減を行ってきました。そのため、失業者が増加し、今、大きな社会問題になっています。ワークシェアリングは、労働時間を分け合うことにより、多くの人に仕事を与えようというものです。1人当たりの賃金は減りますが、雇用人数が増えるため、失業者を減

らすことができます。それ以外にも、例えば、定年後、長い時間では無理でも、短時間なら働けるという人や、子育て中の女性も働きやすくなるでしょう。ほかにもいろいろな働き方のパターンが考えられるため、より多くの人が、社会で働くことができるようになると期待されているのです。

ワークシェアリングを導入すると、どうなると言っていますか。
1　リストラされる人が多くなる
2　いろいろな人に働くチャンスが広がる
3　1人当たりの収入が増える
4　男性が育児休暇を取りやすくなる

뉴스캐스터가 이야기하고 있습니다.

F : 일본에서는 지금까지, 정사원의 노동시간은 9시부터 5시까지 하루 8시간이 대부분이었습니다. 이 시간을 바꾸려고 하는 것이 〈WORK SHARING〉. 이름 그대로 일을 공유한다, 나눈다는 것입니다. 일본에서는 현재, 고용대책의 하나로, 이 WORK SHARING에 기대가 모아지고 있습니다.
　　인건비 절감을 위해 기업은 정리해고에 따른 인원삭감을 해 왔습니다. 그로 인해 실업자가 증가해 지금 커다란 사회문제가 되고 있습니다. WORK SHARING은 노동시간을 서로 나눔으로써 많은 사람에게 일을 주고자 하는 것입니다. 1인당 임금은 줄어듭니다만, 고용인 수가 늘어나기 때문에 실업자를 줄일 수 있습니다.
　　그 외에도, 예를 들면 정년퇴직 후 오랜 시간은 무리여도 단시간이라면 일할 수 있는 사람이나, 육아 중인 여성도 일하기 쉬워지겠지요. 이 외에도 여러 가지 노동 방식의 패턴을 생각할 수 있기에 보다 많은 사람이 사회에서 일할 수 있게 될 것이라고 기대되고 있는 것입니다.

WORK SHARING을 도입하면 어떻게 된다고 이야기하고 있습니까?
1 정리해고되는 사람이 많아진다.
2 여러 사람에게 일할 기회가 주어진다.
3 1인당 수입이 늘어난다.
4 남성이 육아휴가를 얻기 쉬워진다.

問題4　1-25

1番　1-26

F：なんだか、気分が晴れないなあ。
1　傘を持っていったほうがいいよ。
2　今日は、いいお天気になるらしいよ。
3　どうしたの。なんかあった？

F : 왠지 기분이 좋지않아.
1 우산을 갖고 가는 편이 좋아.
2 오늘은 날씨가 좋대요.
3 왜 그래? 무슨 일 있었어?

2番　1-27

M：あんないい加減な計画では、結果は目に見えてるね。
1　ええ、うまくいくとは思えませんね。
2　そうですね、絶対成功しますよ。
3　本当に、ちょうどいい加減ですね。

M : 저런 제대로 되지 않은 계획으로는 결과가 눈에 보이네.
1 응, 잘 될 거라고는 생각할 수 없어요.
2 그렇네요. 반드시 성공할 거예요.
3 정말로 딱 알맞네요.

3番　1-28

F：どうしたの？　汗びっしょりじゃない。
1　これから運動を始めるところなんだ。
2　急に、雨が降ってきたんだ。
3　遅れそうだったから、走ってきたんだ。

F : 어떻게 된 거야? 땀에 흠뻑 젖었잖아
1 이제부터 운동을 시작하려던 참이야.
2 갑자기 비가 내렸어.
3 늦을 거 같아서 뛰어왔어.

4番　1-29

M：おなかがペコペコだよ。
1　そんなに食べるからよ。
2　あ、クッキーあるけど食べる？
3　大丈夫？　調子悪いの？

M：배가 고파.
1 그렇게 (많이) 먹으니까 그렇지.
2 아, 쿠키 있는데 먹을래?
3 괜찮아? 몸이 안 좋아?

5番　1-30

F：毎日、よく降るね。もううんざり。
 1　そうだね、でも梅雨だから仕方ないよ。
 2　これで水不足の心配もなくなるね。
 3　やっぱり雨の日は、うちにいるのが一番だね。

F：매일 잘도 내리네. 아우, 지겨워.
1 그러게, 그래도 장마라서 어쩔 수 없어.
2 이것으로 물 부족 걱정도 사라지네.
3 역시 비오는 날은 집에 있는 것이 제일이지.

6番　1-31

M：今度の企画、失敗したら、損害は1,000万では済まないぞ。
 1　きっと500万に下がるだろうね。
 2　きっと1,000万で終わるだろうね。
 3　きっと2,000万にはなるだろうね。

M：이번 계획 실패하면 손해는 1000만으로는 해결되지 않아.
1 분명 500만으로 내리겠지.
2 분명 1000만으로 끝나겠지.
3 분명 2000만 은 되겠지.

7番　1-32

F：わ、どうしよう。コーヒーこぼしちゃった。
 1　大丈夫？　やけどしなかった？
 2　紅茶だから大丈夫だよ。
 3　コーヒーはないけど、紅茶ならあるよ。

F：와, 어쩌지? 커피 엎질러 버렸어.
1 괜찮아? 데지 않았어?
2 홍차니까 괜찮아.
3 커피는 없지만, 홍차라면 있어.

8番　1-33

M：バスの出発は7時ちょうどだよ。ぐずぐずしないで。
 1　大丈夫だよ。7時半じゃないよ。
 2　そうだね、もっと早いバスにしようか。
 3　そんなに急がなくても大丈夫だよ。

M：버스의 출발은 7시 정각이야. 꾸물거리지 마.
1 괜찮아. 7시 반 아니야.
2 그렇네. 더 일찍 가는 버스로 할까?
3 그렇게 서두르지 않아도 괜찮아.

9番　1-34

F：会議室の電気、つけっぱなしでしたよ。
 1　ええ、おかげさまで明るくなりました。
 2　すみません、消したつもりだったんですが。
 3　そうですね、もう暗くなりましたね。

F：회의실 전기가 켜진 채로 있었어요.
1 응, 덕분에 밝아졌습니다.
2 죄송합니다. 껐다고 생각했습니다만.
3 그렇군요. 벌써 어두워졌네요.

10番　1-35

M：彼に頼ってばかりいないで、一人でやってみれば？
 1　彼がいないと、一人じゃできないよ。
 2　彼が頼らなければ、私一人でできるよ。
 3　彼は、一人ではできないと思うよ。

M：그에게 의지하고 있지만 말고, 혼자서 해보지?
1 그가 없으면 혼자서는 할 수 없어.
2 그가 의지하지 않으면 나 혼자서 할 수 있어.
3 그는 혼자서는 할 수 없을 거야.

11番　1-36

F：なんだか、焦げ臭いよ。
 1　うん、お風呂に入ってたんだ。
 2　あ、魚を焼いてたんだった。

3 そうだ、部屋を掃除しなくちゃ。

F：뭔가 타는 냄새가 나.
1 응, 목욕을 했어.
2 아, 생선을 굽고 있었지.
3 맞다, 방을 청소해야지.

12番　　　　　　　　　　　　1-37

M：休みなんだから、たまにはゆっくり寝かせてよ。
1 そうだね、ゆっくり寝て気持ちよかったね。
2 だったら、休みは早く起きて遊びに行こうよ。
3 わかった。起こさないようにするよ。

M：휴일이니까 가끔씩은 푹 자게 둬요.
1 그러게. 푹 자서 기분 좋았지.
2 그러면 휴일은 빨리 일어나 놀러 가자.
3 알았어. 깨우지 않도록 할게.

13番　　　　　　　　　　　　1-38

F：あの人、すごく料理にうるさいんだ。
1 じゃあ、いいレストランを選ばなくちゃ。
2 じゃあ、静かなレストランにしないとね。
3 じゃあ、食べるとき、おしゃべりできないね。

F：저 사람, 굉장히 입맛이 까다로워.
1 그럼 좋은 레스토랑을 골라야겠네.
2 그럼 조용한 레스토랑으로 해야겠네.
3 그럼 먹을 때 떠들면 안 되겠네.

14番　　　　　　　　　　　　1-39

M：あと10万円、なんとかならないでしょうか。
1 はい、なんともありませんでした。
2 そうですね、なんとなく5万円でした。
3 5万円だったら、なんとかしましょう。

M：10만 엔 더 어떻게 안 될까요?

1 네, 아무렇지도 않았습니다.
2 글쎄요, 왜인지는 모르지만 5만 엔이었습니다.
3 5만 엔이라면 어떻게 해보죠.

問題5　　1-40
1番　　　　　　　　　　　　1-41

夫婦と小学生の男の子が話しています。

F　：ねえ、今度の日曜、遊園地行くでしょ。太郎、楽しみにしてるわよ。何時ごろ出かける？
M1：あっ、そうだったね。いや、あの、実は、仕事が入っちゃったんだ。悪いけど、今度の日曜はちょっと……。
F　：えっ、また仕事？今週は大丈夫だって言ってたじゃない。
M1：仕方ないんだよ。急に海外からお客さんが来ることになっちゃったんだ。
M2：えー。お父さん、遊園地、行けないの？絶対連れてってくれるって、この前約束したのに。
M1：ごめんごめん。来週は絶対に連れてくから。
M2：僕にはいつも、約束破っちゃいけない、嘘ついちゃいけないって、言うくせに。約束破ってるのは自分じゃないか。
F　：仕事だからって、いつも許されるわけじゃないわよ。
M1：お母さんまで、そんな言い方するなよ。急に予定が変わったんだから。
M2：もういい。お父さんの言うことなんか、僕、もう、絶対信用しない！

男の子は父親のどんなところを怒っていますか。
1 言っていることとしていることが違うところ
2 いつも仕事を言い訳にするところ
3 仕事だからと言って、嘘をつくところ
4 日曜日に、いつも予定が変わってしまうところ

부부와 초등학생 남자 아이가 이야기하고 있습니다.

F : 여보, 이번 일요일 유원지 가는 거지? 타로가 기대하고 있어. 몇 시쯤 나가?
M1 : 아, 그랬었지? 아니, 저기, 실은, 일이 생겨버렸어. 미안하지만 이번 일요일은 좀······.
F : 뭐, 또 일? 이번 주는 괜찮다고 했잖아.
M1 : 어쩔 수 없어. 갑자기 해외에서 손님이 오기로 되어버렸어.
M2 : 아빠, 유원지 못 가는 거야? 꼭 데려가 주기로 전에 약속했으면서.
M1 : 미안 미안, 다음 주에는 반드시 데리고 갈게.
M2 : 나한테는 언제나 약속을 어기면 안 된다, 거짓말하면 안 된다고 하면서 약속 안 지키는 건 아빠잖아.
F : 일 때문이라고 언제나 용서되는 건 아니야.
M1 : 당신까지 그렇게 말하지마. 갑자기 예정이 바뀐 거니까.
M2 : 됐어. 나 이제 아빠가 하는 말 절대로 안 믿을 거야.

남자 아이는 아버지의 어떤 점에 화를 내고 있습니까?
1 말하는 것과 행동하는 것이 다른 점
2 언제나 일을 핑계로 삼는 점
3 일 때문이라고 하며 거짓말을 하는 점
4 일요일에 언제나 예정이 바뀌어버리는 점

2番 　　　　　　　　　　 1-42

大学生の娘と両親が話しています。

Ｆ１：あー、お父さん、お母さん、おはよう。
Ｆ２：今、何時だと思ってるの。もうお昼よ。最近、毎晩遅いけど、帰り道だって危ないでしょ。何やってるの。
Ｆ１：遊んでるわけじゃないよ。これでもしっかりバイトしてるんだから。
Ｍ ：バイトかなんか知らないけど、とにかく、このごろ生活が乱れてるぞ。そんなバイトなら辞めたほうがいい。
Ｆ１：ええ?! 無茶言わないでよ。私、店で大切な仕事を任されてるのよ。お父さんだって、仕事で遅くなることあるんだから、わかるでしょ。
Ｆ２：お父さんの仕事と一緒にしないの。あなたは、遊ぶお金を稼いでるだけでしょ。
Ｍ ：何のためでもいいけど、こんな生活をするんなら、どんなバイトでも認められないよ。自分の生活も管理できないのに、大事な仕事なんかできるわけがない。

父親は、なぜアルバイトを辞めたほうがいいと言っていますか。
1 遊ぶためのお金を稼いでいるから
2 自分の生活を管理できていないから
3 若い女性が夜遅く帰るのは危険だから
4 まじめに仕事をしていないから

대학생인 딸과 부모가 이야기하고 있습니다.

F1 : 아~ 아빠, 엄마, 안녕히 주무셨어요?
F2 : 지금 몇 시인 줄 아니? 벌써 점심이야. 요즘 매일 밤 늦게 오는데 집에 오는 길도 위험하잖아. 뭐하고 다니는 거야?
F1 : 놀다 늦는 거 아니에요. 이래봬도 착실하게 아르바이트하고 있다고요.
M : 아르바이트고 뭐고 어쨌든 요즘 생활이 흐트러져 있어. 그런 아르바이트라면 그만두는 편이 나아.
F1 : 에? 터무니없는 소리 하지 마세요. 저 가게에서 중요한 일을 맡고 있어요. 아빠도 일 때문에 늦어지는 경우 있으니까 알잖아요.
F2 : 아빠의 일과 똑같이 생각하면 안 돼. 너는 놀기 위한 돈을 벌고 있는 것 뿐이잖아.
M : 무엇을 위해서건 상관없지만 이런 생활을 할 거라면 어떤 아르바이트라도 인정 못한다. 자기생활도 관리 못 하는데 중요한 일 따위 할 수 있을 리가 없어.

아버지는 왜 아르바이트를 그만두는 편이 낫다고 말하고 있습니까?
1 놀기 위한 돈을 벌고 있으므로
2 자신의 생활을 관리하지 못 하므로
3 젊은 여성이 밤늦게 오는 것은 위험하므로
4 성실하게 일을 하고 있지 않으므로

3番 🔊 1-43

大学生が、アルバイトの説明会に来ています。

M1：当店でアルバイトをしていただく場合は、どの曜日、どの時間帯で働くかによって、仕事内容や条件などが違っています。

　　まず、午前9時から12時までは、お客様の応対が主な仕事で、商品の説明をする係とレジ係のどちらかを選んでいただけます。こちらは、週3日以上働ける方というのが条件です。平日の時給は800円で、週末は1,000円です。平日の夜間、19時から22時までは、商品の発送か電話受付です。これは仕事内容を選ぶことはできません。時給は1,200円になります。週末の夜の仕事はありません。

　　どの曜日、どの時間帯で働くかを決めてから、面接を受けてください。

F ：ねえ、どうする？ 私、お金を扱う仕事や夜は避けたいな。

M2：うん。女の子は、夜はやめといたほうがいいよ。あと、授業があるから、平日は月・水・金しかだめだよね。

F ：そうね。それに、私は月曜にサークルもあるしなあ。

M2：僕も、試合があるから日曜がだめだ。でも、時給は高いほうがいいから、やっぱりこの時間帯かな。

質問1　女の人は、どのアルバイトをしますか。

質問2　男の人は、いつ働きますか。

대학생이 아르바이트 설명회에 와 있습니다.

M1 : 본 가게에서 아르바이트를 해주실 경우에는 무슨 요일, 어느 시간대에 일하느냐에 따라 일의 내용이나 조건 등이 달라집니다.

　　먼저, 오전 9시부터 12시까지는 손님 응대가 주된 일로, 상품 설명 담당과 계산 담당 중 한 쪽을 선택해야 합니다. 저희는 주 3일 이상 일할 수 있는 분이라는 것이 조건입니다. 평일 시급은 800엔이고 주말은 1,000엔입니다. 평일 야간 19시부터 22시까지는 상품 발송이나 전화 접수입니다. 이것은 일의 내용을 선택할 수 없습니다. 시급은 1,200엔입니다. 주말 밤의 일은 없습니다.

　　무슨 요일, 어느 시간대에 일할지를 결정하고 나서 면접을 봐주십시오.

F : 저기, 어떻게 할래? 나는 돈을 취급하는 일과 밤은 피하고 싶어.

M2 : 응, 여자는 밤은 그만두는 편이 좋아. 그리고 수업이 있으니까 평일은 월, 수, 금밖에 안 되겠네.

F : 그러게, 게다가 나는 월요일에 서클도 있고 말이야.

M2 : 나도 시합이 있어서 일요일은 안 돼. 그래도 시급은 높은 편이 좋으니 역시 이 시간대로 해야 하나?

질문1. 여자는 어느 아르바이트를 합니까?

질문2. 남자는 언제 일합니까?

THE JAPAN TIMES
新 일본어
능력시험
실전
모의고사

동양문고
www.dongyangbooks.com

동양books
www.dongyangbooks.com